노무관리 핸드북

HR실무자를 위한
실무밀착형 참고서

★★★★★
2024년
하반기

2024년 하반기 월별로 진행해야 하는
인사노무/세무회계 부문의 주요 업무들을
보기 쉽게 월별로 정리했습니다.

중앙경제
노무법인 MIDAM 미담
편안한 세금 택스홈

2024년 하반기
노무관리 핸/드/북

초판인쇄 2024년 7월 4일
초판발행 2024년 7월 8일

펴낸이 김남진
펴낸곳 중앙경제

디자인 이지훈, 최가영, 가보영
마케팅 신석재, 김성울, 이소영, 윤지희, 김선혜
경영지원 이상훈, 박세라, 조용환

출판등록 80.6.21 제2-66호
주소 서울시 중구 다산로11길 19(신당동 355-8) 백석빌딩 신관 4층
전화 02)2231-7293
팩스 02)2235-5344
홈페이지 www.elabor.co.kr

ISBN 978-89-7017-559-1 (93320)
정가 20,000원

2024년 하반기

노무관리 핸드북

차례

2024년 하반기 달라지는 노동관계법령

2024년 하반기 월별 노무/세무 주요 업무

2024년 상반기 주요 노동판례 및 행정해석 정리

2024년 하반기

달라지는 노동관계법령

2024년 상반기 이후에 고용보험법 시행령에 따른 고용유지지원금 지원요건 변경 외 개정된 노동관계법령이 없다. 최근 6월 25일 국무회의에서 지난 21대 국회 계류 중 기간만료로 폐기되었지만 재추진이 필요한 고용노동부 소관법률인 남녀고용평등법, 고용보험법, 근로기준법 개정안을 심의・의결하였다. 상반기에 이어 재추진된 점을 고려할 때 하반기에 개정될 가능성이 높다고 생각된다. 이하에서는 변경된 노동관계법령과 모성보호제도 관련 국무회의 심의・의결안을 알아보고자 한다.

1 고용유지지원금 수급 제한 요건 신설

기존에는 고용보험법 시행령 제19조에 따라 고용유지지원금 신청 시 ① 고용유지조치 기간 동안 근로자를 새로 고용하거나, ② 3년 이상 연속하여 같은 달에 고용유지조치를 실시하는 경우에는 관할 직업안정기관의 장이 불가피하다고 인정하는 경우를 제외하고는 해당 달에 대한 고용유지지원금을 지급하지 아니했다.

2024.7.1.자부터 법 개정으로 요건이 신설되어 ③ 사업주가 고용유지조치를 하려는 날의 전날 이전 2년 동안 고용유지지원금을 지급받은 사실이 있는 경우에는 그 고용유지조치 기간의 마지막 날의 다음 날부터 6개월 이내에 고용조정으로 소속 피보험자의 100분의 10 이상을 이직시킨 때에도 고용유지지원금을 지급하지 아니한다.

참고 고용유지지원금 수급 제한 요건 신설

구분	내용	시행일
고용유지지원금 수급 제한 요건 신설	◦ 사업주가 고용유지조치를 하려는 날의 전날 이전 2년 동안 고용유지지원금을 지급받은 사실이 있는 경우에는 그 고용유지조치 기간의 마지막 날의 다음 날부터 6개월 이내에 고용조정으로 소속 피보험자의 100분의 10 이상을 이직시킨 경우	2024. 7.1

2 모성보호 및 일가정 양립제도 관련 국무회의 심의 · 의결안

모성보호제도 관련하여 대통령 재가, 국회의 심의 · 의결이 남아있는 상태이지만, 개정내용을 고려할 때 임신기 근로시간 단축, 배우자 출산휴가, 난임치료휴가, 육아기 근로시간 단축 등 개정안이 통과될 가능성이 높다고 판단된다.

1. 근로기준법

(1) 임신기 근로시간 단축

근로기준법 제74조 제7항에서는 "사용자는 임신 후 12주 이내 또는 36주 이후에 있는 여성 근로자가 1일 2시간의 근로시간 단축을 신청하는 경우 이를 허용하여야 한다. 다만 1일 근로시간이 8시간 미만인 근로자에 대하여는 1일 근로시간이 6시간이 되도록 근로시간 단축을 허용할 수 있다."고 규정하고 있다.

조산 출생아의 대부분이 임신 32주에서 35주 사이에 집중되어 있다는 점에서 조산 위험으로부터 임산부와 태아의 건강을 보호하기 위해 임신기 근로시간 단축 기간을 '임신 12주 이내 또는 32주 이후'로 확대하는 근로기준법 개정안을 심의 · 의결했다.

참고 임신기 근로시간 단축 청구 기간 변경안

구분	기존	개정안
근로시간 단축 기간	임신 12주 이내 또는 36주 이후	임신 12주 이내 또는 32주 이후

2. 남녀고용평등 및 일·가정 양립 지원에 관한 법률 및 고용보험법

(1) 배우자 출산휴가

근로자가 배우자의 출산을 이유로 90일 이내에 휴가를 청구하는 경우에 10일의 유급 휴가를 주어야 하고, 1회에 한하여 나누어 사용할 수 있도록 하던 것을 3회로 분할하여 사용할 수 있도록 개정안을 심의·의결했다.

우선지원 대상기업 소속 근로자에 대해 배우자 출산휴가 기간 중 최초 5일분의 배우자 출산휴가 급여를 지급하던 것을 배우자 출산휴가 全기간으로 하여 지급기간을 확대함으로써 배우자 출산휴가 제도를 활성화할 수 있도록 했다.

참고 배우자 출산휴가 변경안

구분	기존	개정안
분할 횟수	1회	3회 분할
배우자 출산휴가 급여 지원	최초 5일분	전 기간

(2) 난임치료휴가

현재 근로자가 인공수정 등 난임치료를 받기 위하여 휴가를 청구하는 경우 사업주는 연간 3일 이내(최초 1일 유급)의 휴가를 주도록 하던 것을, 연간 6일 이내(최초 2일 유급)의 휴가를 주도록 난임치료휴가 기간을 확대하였다. 이와 함께 우선지원 대상기업의 근로자에게는 유급휴가기간에 대하여 고용보험을 통해 통상임금에 상당하는 금액을 지원하는 내용을 심의・의결했다.

참고 난임치료 휴가기간 확대

구분	기존	개정안
휴가 기간	3일	6일
유급	1일	2일

또한, 사업주가 근로자의 난임치료휴가에 관하여 알게 된 사실을 난임치료 휴가를 청구한 근로자의 의사에 반하여 다른 사람에게 누설하는 것을 금지하는 조항을 신설하였다.

(3) 육아기 근로시간 단축

근로자가 만8세 이하 또는 초등학교 2학년 이하의 자녀를 양육하기 위하여 근로시간의 단축을 신청하는 경우에 사업주는 이를 허용하여야 한다. 고용노동부는 12세 이하 또는 초등학교 6학년 이하의 자녀를 대상으로 하는 경우에도 허용하도록 하여 육아기 근로시간 단축의 대상 자녀연령을 확대하였다.

또한, 육아기 근로시간의 단축기간(1년 이내) 중 육아휴직을 신청할 수 있는 근로자가 육아휴직 기간 중 사용하지 않은 기간을 가산하여 사용할 수 있도록 한 것을, '육아휴직 기간 중 사용하지 아니한 기간의 두 배'를 가산하여 사용(최대 36개월)할 수 있도록 함으로써 근로시간 단축 기간을 확대하였다.

참고 육아기 근로시간 단축 대상 및 기간 확대

구분	기존	개정안
대상 자녀연령	만8세 이하 또는 초등학교 2학년 이하	만12세 이하 또는 초등학교 6학년 이하
근로시간 단축기간	최대 24개월 1년+육아휴직 미사용 기간	최대 36개월 1년+(육아휴직 미사용 기간×2)

2024년

하반기 월별

노무 / 세무

주요 업무

구분	노무업무 주요내용	세무업무 주요내용
7월	◦ 여름휴가와 노무관리 ◦ 연차유급휴가 사용촉진조치 1차 실시(회계연도 기준 사업장) ◦ 임금대장 국민연금 보험료 변경사항 반영	◦ 원천세(반기납 포함) 신고납부 ◦ 2024.1기 부가가치세 확정신고 납부 ◦ 기타소득 간이지급명세서 제출 (인적용역) ◦ 근로소득 간이지급명세서 제출
8월	◦ 하반기 정기 근로감독 대응 준비	◦ 12월말 결산법인 법인세 중간예납
9월	◦ 추석연휴 노무관리	◦ 종합부동산세 합산배제 및 과세특례 신고(신청)
10월	◦ 연차 쓰기 좋은 달 : 연차 사용 관련 노무관리 유의사항 ◦ 연차유급휴가 사용촉진 2차 실시(회계연도 기준 사업장)	◦ 2024.2기 부가가치세 예정신고 납부
11월	◦ 인사평가와 노동법 ◦ 연내 마무리해야 하는 업무 확인	◦ 종합소득세 중간예납 납부, 추계액 신고납부
12월	◦ 연말 취업규칙 개정 시 유의사항 ◦ 인사이동 시 유의사항 ◦ 잔여 연차유급휴가 처리방안에 대한 의사결정 방법	◦ 종합부동산세 정기고지 및 신고납부 ◦ 원천세 반기별 납부 신청기한

7월 노무 / 세무 주요 업무

- 여름휴가와 노무관리 **[노무]**
- 연차유급휴가 사용촉진조치 1차 실시(회계연도 기준 사업장) **[노무]**
- 임금대장 국민연금 보험료 변경사항 반영 **[노무]**

- 원천세(반기납 포함) 신고납부 **[세무]**
- 2024.1기 부가가치세 확정신고 납부 **[세무]**
- 기타소득 간이지급명세서 제출(인적용역) **[세무]**
- 근로소득 간이지급명세서 제출 **[세무]**

1 여름휴가와 노무관리 [노무]

봄이 지나가고 본격적인 여름이 찾아오는 7월, 대부분의 회사는 여름휴가를 계획할 것이다. 만약 올 해부터 여름휴가를 새로 도입하고자 한다면 회사는 여름휴가의 개념을 먼저 이해하고 우리 사업장에 꼭 맞는 운영 방법을 고민할 필요가 있다. 이미 여름휴가를 운영하고 있더라도 여름휴가 운영과 관련하여 발생할 수 있는 이슈별 유의사항을 사전에 검토하는 것이 바람직하다.

1. 여름휴가의 법적 성질

여름휴가의 법적 성질은 '약정휴가'에 해당한다. 약정휴가란, 취업규칙, 단체협약 등에 의거하여 부여하는 휴가로서, 근로기준법 등 노동관계법령에 따라 의무적으로 부여해야 하는 법정 휴가와는 구분된다.

취업규칙 등에 여름휴가를 규정하고 있다면 이에 따라 사용자는 부여해야 할 의무를 부담하지만, 정한 바가 없다면 여름휴가를 부여하지 않아도 문제되지 않는다.

2. 여름휴가 부여 방법

(1) 약정휴가로서 부여하는 방법

복지차원에서 단체협약, 취업규칙 등에 여름휴가 규정을 신설하여 약정휴가로서 유급 여름휴가를 부여하고자 한다면 부여 일수, 여름휴가비 지급 여부, 지급 방법 등 부여 기준은 회사 재량으로 결정이 가능하다.

구체적인 부여 방법으로는 근로자별로 필요한 시기에 사용할 수 있도록 "여름휴가는 3일을 부여한다" 등과 같이 정하거나, 특정한 기간(ex. 2024.5.5.~ 2024.5.9.)을 정하여 전체 근로자에게 일률적으로 부여하는 방법 등을 고려할 수 있으며, 근로자 과반의 의견을 청취하여 취업규칙에 규정하면 된다.

한편, 취업규칙 등에 별도로 여름휴가제도를 규정하지 않고 사내 공고문 등을 통해 일시적으로 휴가를 부여하는 것도 가능하다. 사용자가 재량에 따라 1회성으로 부여하는 여름휴가이므로 근로자 과반의 의견을 듣는 등의 절차는 거치지 않아도 무방하다.

(2) 별도 규정 없이 연차유급휴가를 소진하도록 하는 방법

여름휴가가 필요한 근로자 개인별 연차유급휴가를 소진하도록 하거나, 근로자대표와의 서면합의를 통해 특정한 기간을 정하여 여름휴가로 부여하면서 연차유급휴가로 대체하도록 하는 것도 가능하다.

개인의 연차유급휴가를 소진하도록 하면서 전체 근로자에게 일괄적으로 여름휴가를 부여하고자 할 때에는 근로자대표와의 서면합의에 따른 연차유급휴가 대체제도를 활용해야 한다. 만일, 근로자대표와의 서면합의가 어렵다면 근로자별 연차유급휴가 신청서를 받는 형태로 운영해야 한다.

이때 이미 부여된 연차유급휴가를 모두 소진한 근로자에 대해서는 여름휴가를 별도로 부여하지 않아도 무방하다. 단, 근로자의 청구가 있는 때에는 장래에 발생할 연차유급휴가를 선사용하도록 하거나, 무급으로 부여하는 것도 가능하다.

3. 여름휴가와 관련하여 발생할 수 있는 노무이슈

(1) 여름휴가 부여방법 관련 이슈

1) 근로자별 차등적 여름휴가 부여기준의 적용

여름휴가 부여 일수, 여름휴가비 지급 여부 등은 사용자가 자율적으로 결정할 수 있는 것이므로 근속년수, 직급 등을 기준으로 차등 적용하는 것도 가능하다.

이때 「기간제 및 단시간근로자 보호 등에 관한 법률」에 따라 정규직 근로자와 동종 또는 유사한 업무에 종사하는 기간제 · 단시간 근로자에 대해서는 합리적인 이유 없이 여름휴가제도를 적용하지 않거나, 정규직 근로자보다 불리한 기준을 적용하는 것은 불가하다.

다만 "3개월 이상 재직한 근로자에 한하여 지급한다" 등과 같이 정규직과 기간제 · 단시간 근로자 모두에게 적용될 수 있는 기준을 정하여 부여하거나, 기간제 · 단시간 근로자와 동종 또는 유사한 업무에 종사하는 정규직 근로자가 없는 경우에는 '차별'에 해당하지 않는다.

2) 휴일 또는 휴무일을 포함한 여름휴가기간

취업규칙 등에 정한 바에 따라 약정휴가로서 여름휴가를 부여한다면 여름휴가기간에 휴일 또는 휴무일을 포함할 것인지 아니면 근무일을 기준으로 부여할 것인지는 자율적으로 결정할 수 있다.

그러나, 근로자별 연차유급휴가를 소진하여 여름휴가를 사용하도록 하는 경우라면, 휴일 또는 휴무일을 여름휴가기간에 포함할 수 없다. 연차유급휴가는 근무일을 기준으로 사용하는 것이 원칙이므로, 여름휴가기간 중 법정공휴일, 주휴일 등이 포함된다면 그에 해당하는 날을 제외하고 연차유급휴가를 차감해야 한다.

3) 여름휴가 부여기준의 변경

취업규칙 등에 정한 약정휴가로서 부여되는 여름휴가는 근로자의 근로조건에 해당한다. 따라서 회사가 일방적으로 여름휴가 부여 여부, 여름휴가일 수, 여름휴가비 등 부여 기준을 변경할 수 없으며, 변경하고자 하는 경우에는 취업규칙 변경 절차를 거쳐야 한다.

취업규칙 등에 여름휴가를 별도로 규정하지 않고 회사가 임의로 부여해 온 경우라 하더라도 매년 부여하여 직원들이 여름휴가를 당연한 것으로 받아들여 사실상 제도로 확립되어 있는 경우라면 근로자의 근로조건으로 보아야 한다. 따라서, 이 경우에도 회사가 임의로 변경할 수 없고 취업규칙 변경에 준하는 절차를 거쳐 변경해야 한다.

약정된 여름휴가일 수를 줄이거나 여름휴가를 부여하지 않는 등으로 여름휴가 부여 기준을 변경하는 것은 근로자의 근로조건을 불이익하게 변경하는 것이므로, 근로자 과반수로 조직된 노동조합이 있다면 그 노동조합, 없다면 근로자 과반수의 동의를 얻어 변경해야 한다.

(2) 여름휴가비 관련 이슈

1) 여름휴가비의 평균임금성/통상임금성 판단

① 여름휴가비의 평균임금 산입여부

여름휴가비가 평균임금 산정 시 포함되기 위해서는 근로기준법상 '임금'에 해당하여야 한다. 근로기준법상 '임금'에 해당하기 위해서는 계속적·정기적으로 지급되고 취업규칙 등에 의해 사용자에게 그 지급의무가 지워져 있어야 한다.

취업규칙 등에 별도로 정한 바가 없이 1회성으로 지급된 여름휴가비라면 근로의 대가로서 사용자에게 지급의무가 있는 '임금'이라고 볼 수 없으므로 평균임금 산정 시 제외된다. 그러나, 취업규칙 등에 여름휴가비를 지급한다는 규정을 두고, 이에 따라 매년 여름휴가비를 지급해왔다면 이는 근로의 대가로서 사용자에게 지급의무가 있는 '임금'에 해당하므로 평균임금 산정 시 포함해야 한다.[1)]

② 여름휴가비의 통상임금 산입여부

통상임금은 근로자에게 정기적이고 일률적으로 소정근로 또는 총 근로에 대하여 지급하기로 정한 금액을 말한다. 여름휴가비가 통상임금에 산입되기 위해서는 정기성, 일률성, 고정성을 모두 갖추고 있어야 한다.

판례 대법원 2013.12.18.선고 2012다89399 판결

어떠한 임금이 통상임금에 속하는지 여부는 그 임금이 소정근로의 대가로 근로자에게 지급되는 금품으로서 **정기적 · 일률적 · 고정적으로 지급되는 것인지를 기준으로 그 객관적인 성질에 따라 판단**하여야 하고, 임금의 명칭이나 그 지급주기의 장단 등 형식적 기준에 의해 정할 것이 아니다.

---

1) 대법원 2006.5.26.선고 2003다54322 판결

만일 재직자 요건 등 여름휴가비가 지급되기 위한 조건을 두어 근로자가 소정근로를 제공하더라도 그 조건의 충족 여부에 따라 지급 여부가 결정된다면, 해당 여름휴가비는 고정성을 갖추지 못한 것으로서 통상임금에 산입되지 않는다.

그러나, 중도입·퇴사자에 대해 해당 월의 일수에 비례하여 여름휴가비를 일할계산하여 지급하는 등의 경우라면 고정성이 인정되므로, 매년 정기적 일률적으로 여름휴가비를 지급하고 있다면 통상임금 범위에 산입해야 한다.

(3) 여름휴가기간 운영방법 관련 이슈

1) 1주 전부를 여름휴가로 사용한 주의 주휴수당 발생 여부

주휴수당은 근로기준법 제55조에 따라 1주 동안의 소정근로일을 개근한 근로자에게 부여된다. 여름휴가기간은 근로제공의무가 면제되는 날로서, 1주간의 소정근로일을 모두를 여름휴가로 사용하였다면 해당 주에는 근로제공의무가 있는 소정근로일이 없으므로 주휴수당이 발생하지 않는다.[2)]

그러나, 1주 소정근로일 중 여름휴가일을 제외한 나머지 소정근로일을 개근(예 : 월~목 여름휴가 사용, 금요일 근로)하였다면,

2) 근로조건지도과-3102, 2008.8.8.

해당 주의 주휴일에 대해서는 주휴수당을 지급해야 한다.

2) 여름휴가기간에 출근한 근로자에 대한 가산수당 발생 여부

여름휴가기간은 근로제공의무를 면제받은 날로서, 원래부터 근로제공의무가 없는 '휴일'과는 구분된다. 따라서 여름휴가기간에 근로자가 출근하더라도 휴일근로에 해당하지 않으므로 별도의 가산수당이 발생하지 않는다.

3) 여름휴가를 사용하고 주말에 출근한 주의 연장근로 발생 유무

연장근로는 1일 8시간 또는 1주 40시간을 초과하는 근로시간을 의미한다. 근로자가 여름휴가를 사용한 주의 주말에 출근하더라도, 해당 일의 근로시간이 8시간을 초과하지 않거나 주해당 주의 실근로시간이 40시간을 초과하지 않는 경우에는 주말에 출근하여 근무하더라도 연장근로에 해당한다고 볼 수 없다.

4) 여름휴가를 미사용한 근로자에 대한 별도 휴가 또는 수당 지급의 필요성

취업규칙 등에 따라 부여되는 유급 여름휴가를 사용하지 못한 근로자에게 미사용한 여름휴가에 대한 수당청구권이 인정되는지 또는 대체휴가를 부여해야 하는지 여부는 여름휴가 부여 기준을 정한 취업규칙 등에 따라 판단해야 한다.

취업규칙 등에 근로자가 사용하지 못한 여름휴가에 대해 대체휴가를 부여한다거나 수당을 지급한다는 등의 규정을 두고 있다면 이에 따라야 하지만, 별도 규정을 정한 바가 없다면 여름휴가를 부여하더라도 근로자가 사용하지 않은 휴가에 대해 수당을 지급하거나 대체휴가를 부여할 의무는 없다.

2 연차유급휴가 사용촉진조치 1차 실시(회계연도 기준 사업장) [노무]

근로기준법 제60조제5항에 따라 사용자에게는 근로자가 사용기간 내 사용하지 못한 연차유급휴가에 대한 금전보상의무를 부담한다. 단, 동법 제61조에 정한 연차유급휴가 사용촉진제도를 도입·운영한다면, 그 금전보상의무를 면제받을 수 있다.

연차유급휴가 사용촉진제도란 사용자가 근로자에게 연차유급휴가의 사용을 적극적으로 장려하였음에도 근로자가 기간 내에 이를 사용하지 않은 경우, 미사용 연차유급휴가에 대한 사용자의 금전보상의무를 면제해주는 제도를 말한다.

회계연도를 기준으로 연차유급휴가를 운영·관리하는 사업장이라면 적법한 연차유급휴가 사용촉진제도의 운영을 위해서는 매년 7월 초, 연차유급휴가의 사용촉진 조치를 시작해야 한다. 이하에서는 회계연도 사업장을 기준으로 이번 달에 이루어져야 하는 사용촉진 조치와 제도 운영 시 유의사항에 대해 살펴보고자 한다.

1. 연차유급휴가 사용촉진제도 운영 원리

연차유급휴가 사용촉진제도의 운영 프로세스는 ① 근로자에게 미사용 연차유급휴가일수를 안내하면서 그 사용 시기를 지정하여 통보할 것을 서면으로 촉구한 다음, ② 기간 내에 미사용한 연차유급휴가의 사용시기를 통보하지 않은 근로자에 대해서는 사용자가 그 사용 시기를 임의로 지정하여 서면으로 통보하는 순서로 진행된다. 이때 각 조치가 유효하게 인정되기 위해서는 지정된 연차유급휴가일에 출근한 근로자를 적극적으로 제재하여 노무 제공이 이루어지지 않도록 해야 한다.

만일 근로기준법에 정한 시기, 절차, 방법,과 노무수령 거부조치 중 어느 한 가지라도 준수하지 않는다면 적법한 연차유급휴가 사용촉진 조치로 인정될 수 없다.

2. 미사용 연차유급휴가일수 통보 및 휴가사용계획서의 제출

(1) 계속 근로한 기간이 1년 이상인 근로자

근로자별 연차유급휴가의 사용 기간이 종료되기 6개월 전을 기준으로 10일 이내에 미사용 연차유급휴가일수를 통보하고 그 사용 시기를 지정하여 통보하도록 서면으로 촉구해야 한다.

모든 근로자의 연차유급휴가 사용기간을 1월 1일부터 12월 31일로 운영하는 회계연도 기준 사업장이라면, 매년 7월 1일부터 7월 10일 이내에 촉진 조치를 마쳐야 한다.

(2) 계속 근로한 기간이 1년 미만인 근로자

계속 근로한 기간이 1년 미만인 근로자에게 발생한 연차유급휴가에 대해서는 최초 1년의 근로가 끝나기 3개월 전 10일 이내에 촉진 조치가 이루어져야 한다.

이때 1년 미만 근로자에게는 1개월 개근 시마다 연차유급휴가가 발생하므로, 1년 미만 근로기간에 발생하는 최대 11일의 연차유급휴가에 대해 일률적으로 사용촉진 조치를 하는 것은 불가하다. 따라서, 촉진 조치 이후에 발생한 연차유급휴가에 대해서는 최초 1년의 근로가 끝나기 1개월 전을 기준으로 5일 이내에 촉진 조치를 마치면 된다.

이렇듯, '최초 1년의 근로가 끝나는 날'을 기준으로 사용촉진 조치를 하다보니, 1년 미만 근로자에 대해서는 회계연도를 기준으로 한 사용촉진 조치는 불가하다. 회계연도를 기준으로 연차유급휴가를 관리 · 운영하는 사업장이라 하더라도 1년 미만 근로자에게 발생한 연차유급휴가에 대해서는 매년 7월이 아닌 근로자별 '최초 1년의 근로가 끝나기 3개월 전 10일'을 미사용 연차유급휴가일수 통보 및 사용시기 지정 촉구 시기로 보아야 한다. 노무관리의 편의상 연차유급휴가의 사용 기간을 입사한 다음 해의 말일까지로 연장하였더라도, 사용촉진 조치의 실시 기준은 '최초 1년의 근로가 끝나는 날'이 된다.

참고 미사용 연차유급휴가일수 통보 및 휴가계획서 제출 촉구

구분		시기
계속근로 1년 이상 근로자		7.1. ~ 7.10. (회계연도 기준)
계속근로 1년 미만 근로자 (1월 1일 입사 가정)	먼저 발생한 연차유급휴가 (1.1. ~ 9.30.)	10.1. ~ 10.10.
	촉진 이후 발생한 연차유급휴가 (10.1.~12.31.)	12.1. ~ 12.5.

3. 연차유급휴가 사용촉진제도 운영 관련 노무이슈

연차유급휴가의 사용촉진제도가 그 유효성을 인정받기 위해서는 법령에 정해진 시기, 절차, 방법 등을 모두 준수해야 한다. 그렇다 보니 실무적으로 연차유급휴가 사용촉진제도의 운영과 관련하여 다양한 노무이슈가 발생하는 바, 아래에서는 제도 운영 시 발생할 수 있는 이슈별 유의사항을 살펴보고자 한다.

(1) 연차유급휴가 사용촉진제도 도입 관련 이슈

1) 도입 절차

근로기준법은 연차유급휴가 사용촉진제도 도입 절차에 관한 요건을 정한 바가 없다. 고용노동부도 단체협약으로 사용촉진 조치를 금지하거나, 노사간의 합의 또는 협의를 실시 요건으로 두고 있는

등의 특별한 사정이 없는 한 근로기준법에 의거하여 도입·운영이 가능하다는 입장이다.[3)]

다만, 연차유급휴가의 사용촉진제도의 효력으로 인해 근로자는 법적으로 보장되는 연차유급휴가를 전부 사용하지 못하더라도 그에 대한 보상을 받을 수 없게 되는 점을 고려할 때, 실무적으로는 취업규칙 등에 연차유급휴가 사용촉진제도의 도입 및 운영에 관한 사항을 규정하여 제도의 도입·운영과 관련된 불필요한 분쟁을 예방하는 것이 바람직하다.

2) 적용 대상

① 특정 집단 소속 근로자에 한하여 적용

직종 또는 근로형태 등을 고려하여 특정 집단 근로자에 대해서만 연차유급휴가 사용촉진제도를 적용할 수 있다. 그러나, 동일한 사업 또는 사업장 내의 근로자라면 그 전체를 대상으로 연차유급휴가 사용촉진제도를 적용하는 것이 바람직하다.[4)]

---

3) 노동부 행정해석 근로기준과-5454, 2004.10.12. 참조

4) 노동부 행정해석 근로기준과-407, 2004.1.26. 참조

② 미사용한 전체 연차유급휴가 중 일부에 대한 적용

근로기준법은 연차유급휴가의 전부 또는 일부에 대하여 사용촉진 조치가 가능하다고 규정하고 있으므로, 미사용한 연차유급휴가의 일부만을 대상으로 연차유급휴가 사용촉진 조치를 하는 것도 가능하다.

다만 이 경우, 사용촉진 조치를 하지 않은 나머지 연차유급휴가에 대해서는 여전히 금전보상의무를 부담한다.

(2) 연차유급휴가 사용촉진 조치의 대상이 되는 연차유급휴가 관련 이슈

1) 1년 미만의 계약기간을 정한 기간제 근로자에게 발생한 연차유급휴가

계속하여 근로한 기간이 1년 미만인 근로자에 대한 연차유급휴가 사용촉진 조치는 최초 1년의 근로가 끝나는 날을 기준으로 실시되어야 한다. 따라서 1년 간의 근로가 예정되어 있지 않은 근로계약기간 1년 미만의 기간제 근로자에게는 연차유급휴가 사용촉진제도가 적용되지 않는다.

단, 근로계약이 갱신 또는 연장되어 근로관계의 단절 없이 1년 이상의 근로가 예정되어 있는 예외적인 경우라면 적용이 가능하다.

2) 이월된 연차유급휴가

연차유급휴가 사용촉진 조치는 연차유급휴가의 사용기간이 끝나기 전에 이루어져야 한다. 이월된 연차유급휴가는 이미 사용기간이 종료되어 수당청구권이 발생한 연차유급휴가로서, 사용자가 금전보상을 하는 대신 근로자와의 합의를 통해 이월하여 사용하도록 한 것이므로 사용촉진 조치 대상에서 제외된다.

3) 연도 중 입사자에게 2년차에 부여하는 연차유급휴가

회계연도를 기준으로 연차유급휴가를 운영하는 사업장은 연도 중 입사한 근로자에게도 입사연도의 근속기간에 비례하여 그 다음 연도 1월 1일에 연차유급휴가를 부여한다.

입사 2년차가 되는 시점에 전년도 재직일수에 비례하여 부여되는 연차유급휴가는 근로기준법 제60조제1항에 따라 계속근로기간 1년 이상 근로자에게 부여하는 연차유급휴가에 해당하므로, 연차유급휴가 사용촉진 조치가 가능하다.

한편, 중도입사자에게는 1년차 근로기간에 매월 개근함에 따라 발생한 연차유급휴가도 존재한다. 단, 앞서 설명한 바와 같이 계속근로 1년 미만인 기간에 발생하는 연차유급휴가에 대해서는 회계연도를 기준으로 한 사용촉진 조치가 불가하므로, 2년차에 부여된 연차유급휴가와 합하여 사용촉진 조치를 할 수는 없다.

중도 입사자에게 부여된 연차유급휴가와는 별개로 계속 근로

1년 미만인 기간에 발생하는 연차유급휴가에 대해서는 '최초 1년의 근로기간이 끝나는 날'을 기준으로 사용촉진 조치를 해야 한다.

참고 회계연도 기준 사업장 내 중도 입사자에 대한 사용촉진 조치 예시

<table>
<tr><th colspan="3">구분</th><th>내용</th><th>시기</th></tr>
<tr><td colspan="3" rowspan="2">2024.5.1. 입사 후 발생하는 연차유급휴가</td><td>1년 미만 연차 11일</td><td>2024.6.1.~
2025.4.30.</td></tr>
<tr><td>1년 이상 연차 10일
{비례부여 : 15일×(245일÷365일)}</td><td>2025.1.1.
(이후 1년간 사용)</td></tr>
<tr><td rowspan="6">사용촉진조치</td><td rowspan="4">1년 미만</td><td rowspan="2">먼저 발생한 연차 9일</td><td>미사용 연차유급휴가일수 통보 및 휴가사용계획서 제출 촉구</td><td>2025.2.1.~
2025.2.10.</td></tr>
<tr><td>사용시기 지정 통보</td><td>2025.2.21.~
2025.3.31.</td></tr>
<tr><td rowspan="2">이후 발생한 연차 2일</td><td>미사용 연차유급휴가일수 통보 및 휴가사용계획서 제출 촉구</td><td>2025.4.1.~
2025.4.5.</td></tr>
<tr><td>사용시기 지정 통보</td><td>2025.4.16.~
2025.4.20.</td></tr>
<tr><td colspan="2" rowspan="2">1년 이상</td><td>미사용 연차유급휴가일수 통보 및 휴가사용계획서 제출 촉구</td><td>2025.7.1.~
2025.7.10.</td></tr>
<tr><td>사용시기 지정 통보</td><td>2025.7.21.~
2025.10.31.</td></tr>
</table>

(3) 연차유급휴가 사용촉진 조치 방법 관련 이슈

1) 이메일을 활용한 사용촉진 조치

근로기준법 제61조에 따라 연차유급휴가의 사용촉진 조치는 '서면'으로 진행하는 것이 원칙이다. 이는 연차유급휴가의 사용촉진

조치가 명확하게 이행되도록 하여 근로자의 권리 보호를 보다 충실하게 하고, 불명확한 조치로 인한 당사자간의 분쟁을 예방하기 위한 취지로 볼 수 있다.

따라서, 사내전산망의 이메일을 통해 촉진 조치를 하는 것은 개별 근로자가 메일을 미확인 하는 등 근로자 개인에게 '서면'으로 통보하는 것에 비해 그 도달 여부의 확인이 불명확하므로 유효성이 인정되기 어렵다.[5)]

그러나, 이메일을 활용하여 단순 통지하는 정도에 그치지 않고, 회사가 전자결재체계를 완비하여 이메일 도달 여부를 확인할 수 있거나, 평소에도 직원들이 이메일을 통해 업무의 기안, 결재, 시행과정 등의 의사소통이 이루어지는 등의 예외적인 경우라면 유효한 사용촉진 조치로 인정될 수 있다.[6)]

2) 근태관리시스템을 활용한 사용촉진 조치

근태관리시스템을 통해 연차유급휴가 사용촉진 조치를 하는 경우, 프로그램상 발송한 사용촉진 내역의 수신여부를 확인할 수 있거나, 직원들이 빠짐없이 미사용한 연차유급휴가의 사용시기를 정하여 통보하였다면 '서면'으로 하도록 한 근로기준법의 취지를 고려

5) 노동부 행정해석 근로개선정책과-6488, 2013.11.1.참조

6) 노동부 행정해석 근로기준정책과-3257, 2019.6.10. 참조

할 때 근태관리시스템을 통한 사용촉진 조치는 그 효력이 인정된다고 판단된다.

(4) 기타 관련 이슈

1) 지정된 연차유급휴가의 사용일 변경

연차유급휴가 사용촉진 조치에 따라 연차유급휴가의 사용 시기가 지정된 경우에는 그 시기를 변경할 수 없는 것이 원칙이다. 다만 근로자가 사용자의 동의를 얻은 경우에 한하여 그 사용시기를 변경할 수 있다.

2) 연차유급휴가 사용일 이전에 퇴사한 경우 연차유급휴가 사용촉진 조치의 효력

사용자가 근로기준법에 따른 모든 절차를 준수하여 연차유급휴가 사용촉진 조치를 하였더라도, 근로자가 지정된 연차유급휴가 사용일 이전에 퇴사하였다면, 정상적인 사용촉진 조치가 이루어졌다고 인정되지 않는다.

이 경우, 사용자는 연차유급휴가 사용촉진 조치 여부와 관계없이 근로자가 미사용한 연차유급휴가에 대해서는 수당을 지급해야 한다.[7]

---

7) 노동부 행정해석 임금근로시간정책팀-2888, 2007.9.11. 참조

3 임금대장 국민연금 보험료 변경사항 반영 [노무]

1. 기준소득월액 결정

가입자의 최초 기준소득월액은 하한액과 상한액의 범위 내에서 가입자가 신고한 소득월액 중 천원 미만을 절사한 금액으로 결정되며, 2024년도 7월 기준 하한액과 상한액은 각각 39만원과 617만원으로 적용된다.[8] 국민연금 보험료는 기준소득월액의 9%로 산정되고, 사업장가입자라면 각 4.5%씩 사업자와 근로자가 부담한다.[9]

참고 국민연금 기준소득월액 상 · 하한액 및 월 보험료(단위 : 원)

구분		2023년 (2023.7.1.~2024.6.30.)	2024년 (2024.7.1.~2025.6.30.)	인상액
기준소득 월액	상한액	5,900,000	6,170,000	
	하한액	370,000	390,000	
월 보험료	최고	531,000	555,300	▲24,300
	최저	33,300	35,100	▲1,800

국민연금 최초 자격 취득 시점에는 가입 신고 시 공단에 신고한 소득을 기준으로 기준소득월액이 결정되지만, 가입 기간 중에는 전

8) 2025년 6월까지 적용되며, 2023년 7월~2024년 6월까지는 최저 37만원, 최고 590만원이 적용되었음

9) 국민연금보험료는 기여금과 부담금의 합계액으로 구성되며, 기여금은 사업장 가입자 본인이, 부담금은 그 사용자가 부담함. 각 금액은 기준소득월액의 1천분의 45로 결정됨.

년도 중 당해 사업장에서 얻은 소득총액을 그 기간의 총일수로 나눈 금액의 30배에 해당하는 금액(천원미만 절사)으로 매년 7월 국민연금공단이 결정한다. 이렇게 결정된 기준소득월액은 당해연도 7월부터 다음연도 6월까지 적용된다.

2. 변경된 기준소득월액 결정내용 반영

기준소득월액의 변경에 따라 2024년 7월부터 당해연도 신규입사자를 제외한 근로자별 국민연금 보험료도 변경된다. 국민연금공단은 매년 6월 중순경에 '기준소득월액 정기결정통지서'를 사용자에게 통지하므로, 사용자는 근로자에게 해당 내용을 알리고, 7월 귀속 임금대장부터 변경된 보험료를 반영해야 한다.

만일, 결정된 기준소득월액에 이상이 있는 경우 사업자는 근로소득원천징수영수증 등 증빙서류를 첨부하여 변경신고를 하면 된다.

4 세무관리 주요 업무

1. 2024년 달라지는 세법 주요 내용

구분	종전	개정	시행일
◦ 간이지급명세서 제출 주기 단축	◦ 신설	◦ (인적용역 기타소득) 매월	◦ 2024.1.1. 이후 지급분
◦ 간이지급명세서 미제출·불분명 가산세 적용대상 추가	◦ 신설	◦ (인적용역 기타소득) 미제출·불분명 금액의 0.25%	◦ 2024.1.1. 이후 지급분
◦ 간이지급명세서 지연제출 가산세(0.125%) 적용요건 보완	◦ 신설	◦ (인적용역 기타소득) 제출기한 경과 후 1개월 내 제출 시	◦ 2024.1.1. 이후 지급분
◦ 상용근로소득 간이지급명세서 월별 제출 시행시기 유예	◦ 상용근로소득 : 매반기 → 매월 (2024년 시행)	◦ 상용근로소득 : 매 반기 → 매월 (2026년 시행)	◦ 2026.1.1. 이후 지급분

• 7월

일자	세무일정	비고
10일	◦ 원천세(반기납 포함) 신고납부 ◦ 취업 후 학자금 상환(ICL) 원천공제 신고납부	◦ 2024.6월분 (2024.상반기분) ◦ 2024.6월분
25일	◦ 2024.1기 부가가치세 확정신고 납부	◦ 2024.하반기분
31일	◦ 일용근로소득지급명세서 제출 ◦ 사업소득 간이지급명세서 제출(거주자) ◦ 기타소득 간이지급명세서 제출(인적용역) ◦ 용역제공자에 관한 과세자료 제출 ◦ 근로소득 간이지급명세서 제출	◦ 2024.6월 지급분 ◦ 2024.6월 지급분 ◦ 2024.6월 지급분 ◦ 2024.6월 지급분 ◦ 2024.1~6월분

• 8월

일자	세무일정	비고
10일	◦ 원천세 신고납부 ◦ 취업 후 학자금 상환(ICL) 원천공제 신고납부	◦ 2024.7월분 ◦ 2024.7월분
31일	◦ 일용근로소득지급명세서 제출 ◦ 사업소득 간이지급명세서 제출(거주자) ◦ 기타소득 간이지급명세서 제출(인적용역) ◦ 용역제공자에 관한 과세자료 제출 ◦ 12월말 결산법인 법인세 중간예납	◦ 2024.7월 지급분 ◦ 2024.7월 지급분 ◦ 2024.7월 지급분 ◦ 2024.7월 지급분 ◦ 2024.상반기분

• 9월

일자	세무일정	비고
10일	◦ 원천세 신고납부 ◦ 취업 후 학자금 상환(ICL) 원천공제 신고납부	◦ 2024.8월분 ◦ 2024.8월분
15일	◦ 상반기분 근로장려금 신청기한	
30일	◦ 6월말 결산법인 법인세 신고납부 ◦ 종합부동산세 합산배제 및 과세특례 신고(신청)	◦ 2023.7월 ~2024.6월 ◦ 2024년 귀속분

• 10월

일자	세무일정	비고
10일	◦ 원천세 신고납부 ◦ 취업 후 학자금 상환(ICL) 원천공제 신고납부	◦ 2024.9월분 ◦ 2024.9월분
25일	◦ 2024.2기 부가가치세 예정신고 납부	◦ 2024.3분기분
30일	◦ 일용근로소득지급명세서 제출 ◦ 사업소득 간이지급명세서 제출(거주자) ◦ 기타소득 간이지급명세서 제출(인적용역) ◦ 용역제공자에 관한 과세자료 제출	◦ 2024.9월 지급분 ◦ 2024.9월 지급분 ◦ 2024.9월 지급분 ◦ 2024.9월 지급분

• 11월

일자	세무일정	비고
10일	◦ 원천세 신고납부 ◦ 취업 후 학자금 상환(ICL) 원천공제 신고납부	◦ 2024.10월분 ◦ 2024.10월분
30일	◦ 일용근로소득지급명세서 제출 ◦ 사업소득 간이지급명세서 제출(거주자) ◦ 기타소득 간이지급명세서 제출(인적용역) ◦ 용역제공자에 관한 과세자료 제출 ◦ 종합소득세 중간예납 납부, 추계액 신고납부	◦ 2024.10월 지급분 ◦ 2024.10월 지급분 ◦ 2024.10월 지급분 ◦ 2024.10월 지급분 ◦ 2024.상반기분

• 12월

일자	세무일정	비고
10일	◦ 원천세 신고납부 ◦ 취업 후 학자금 상환(ICL) 원천공제 신고납부	◦ 2024.11월분 ◦ 2024.11월분
15일	◦ 종합부동산세 정기고지 및 신고납부	◦ 2024년 귀속분
31일	◦ 일용근로소득지급명세서 제출 ◦ 사업소득 간이지급명세서 제출(거주자) ◦ 기타소득 간이지급명세서 제출(인적용역) ◦ 용역제공자에 관한 과세자료 제출 ◦ 원천세 반기별 납부 신청기한	◦ 2024.11월 지급분 ◦ 2024.11월 지급분 ◦ 2024.11월 지급분 ◦ 2024.11월 지급분

※ 세법에서 규정하는 신고·납부·제출·신청 기한이 토요일 및 일요일, 「공휴일에 관한 법률」에 따른 공휴일 및 대체공휴일 또는 「근로자의 날 제정에 관한 법률」에 따른 근로자의 날인 경우, 그 다음날을 기한으로 한다.

2. 원천세(반기납 포함) 신고납부(10일)

(1) 주요내용

원천세 신고는 원천징수 대상소득을 지급하는 원천징수의무자가 소득자로부터 세금을 미리 징수하여 국가에 납부하는 제도를 말한다.

원천징수의무자가 원천징수대상 소득금액 또는 수입금액을 지급하는 때에 다음의 소득구분별 원천징수세율을 적용하여 원천징수를 해야 한다.

원천징수대상 소득	원천징수세율(지방소득세 포함)
① 이자·배당소득	◦ 지급액의 15.4%(비영업대금의 이익 27.5%)
② 원천징수대상 사업소득	◦ 지급액의 3.3%
③ 근로소득	◦ 월 지급액에 간이세액표 적용
④ 기타소득	◦ 지급액의 22%
⑤ 퇴직소득	◦ 퇴직소득세 결정세액

원천징수한 세금은 그 징수일이 속하는 달의 다음 달 10일까지 원천징수의무자의 관할 세무서에 신고·납부해야 하며, 반기별 납부 대상 원천징수의무자의 경우 반기의 마지막 달의 다음 달 10일까지 신고·납부할 수 있다.

(2) 세무관리 유의사항

기타소득금액은 건별로 5만원 이하인 경우 원천징수가 제외되며, 소득구분을 불문하고 원천징수세액이 1천원 미만인 경우 원천징수를 하지 않으나 거주자에게 지급되는 이자소득의 경우 원천징수세액이 1천원 미만이더라도 원천징수를 하여야 함에 유의해야 한다.

퇴직소득의 경우, DB형 퇴직연금 가입 사업장이거나 퇴직금을 IRP계좌로 지급하여 과세이연이 되는 경우라도 총지급액은 원천징수이행상황신고서에 기재하여 신고해야 한다.

원천세를 기한 내에 납부하지 않거나 과소 납부하는 경우, 미납·과소납부 금액의 3%의 가산세와 기한 경과 후 1일마다 0.022%의 가산세가 추가로 부과되므로 기한 내에 납부하는 것이 무엇보다 중요하다고 할 것이다.

3. 2024년 1기 부가가치세 확정신고 납부(25일)

(1) 주요내용

법령에 열거된 규정에 따라 부가가치세가 면제되는 사업만을 영위하는 경우를 제외하고, 사업상 상품(재화)의 판매나 서비스(용역)를 제공하는 모든 사업자는 사업자유형별로 부가가치세 확정 신고·납부 의무가 발생한다.

사업자 유형	제1기 과세대상기간	예외
법인사업자	4/1~6/30	◦ 공급가액 미만[10]으로 예정신고를 하지 않은 경우, 1/1~6/30
개인사업자	1/1~6/30	◦ 사업부진[11]등으로 예정신고를 한 경우, 4/1~6/30
간이과세자	1/1~12/31	◦ 1/1~6/30 기간에 세금계산서를 발급한 간이과세자는 신고의무 있음

과세대상기간 동안 다음의 계산 흐름에 따라 산출된 세액을 7.1~7.25에 신고・납부하여야 한다.

매출세액-매입세액-경감・공제세액-예정고지세액(예정신고 미환급 세액)+가산세액=차가감 납부(환급)세액

(2) 세무관리 유의사항

매출세액과 매입세액에는 예정신고 누락분도 포함되며, 법령에 열거되어 있는 공제되지 않는 매입세액[12]을 면밀히 검토하여 공제에서 제외하고 신고하는 것이 중요하다.

10) 직전 과세기간의 공급가액이 1억 5천만원 미만인 법인사업자

11) 예정신고기간의 공급가액 또는 납부세액이 직전 과세기간의 공급가액 또는 납부세액의 3분의 1에 미달하는 자

12) ① 사업과 직접 관련이 없는 지출, ② 비영업용승용차의 구입 · 임차 · 유지와 관련된 지출, ③ 기업업무추진비와 관련된 지출 등

수출 등 영세율 매출을 누락할 경우 납부세액에는 영향이 없지만 영세율과세표준신고불성실 가산세가 부과되니 유의하여야 하며, 특히 세금계산서 발급·수취 관련 가산세가 폭넓게 규정되어 있으므로 공급시기에 유념하여야 한다.

둘 이상의 사업장이 있는 경우 주사업장 총괄납부제도와 사업자단위과세제도를 활용하여 납세의 편리함을 도모할 수 있다.

4. 기타소득 간이지급명세서 제출(31일) (2024년 개정분)

2024.1.1 이후 지급 분부터 신설된 규정으로, 다음의 인적용역을 일시적으로 제공하는 기타소득에 대해서는 그 소득 지급일이 속하는 달의 다음 달 말일까지 기타소득 간이지급명세서를 제출하여야 한다.

1) 고용관계 없이 다수인에게 강연을 하고 강연료 등 대가를 받는 용역
2) 라디오·텔레비전방송 등을 통해 해설, 심사 등을 하고 보수 또는 이와 유사한 성질의 대가를 받는 용역
3) 변호사, 공인회계사 등 전문적 지식 또는 특별한 기능을 가진 자가 보수 또는 대가를 받고 제공하는 용역

5. 근로소득 간이지급명세서 제출(31일)

일용근로자가 아닌 근로자에게 지급하는 근로소득에 대한 간이지급명세서는 그 소득 지급일이 속하는 반기의 마지막 달의 다음 달 말일까지 제출하여야 한다.

원천징수시기 특례 규정에 따라, 2024년 7월 귀속 8월 지급분도 포함하여 7월31일까지 제출해야 함을 유의하여야 한다.

8월
노무 / 세무
주요 업무

- 하반기 정기 근로감독 대응 준비 **[노무]**
- 12월말 결산법인 법인세 중간예납 **[세무]**

1 하반기 정기 근로감독 대응 준비 [노무]

지난 2월, 고용노동부는 「2024년 근로감독 종합계획」을 발표하고 3월부터 정기근로감독 대상사업장들에 대하여 공문을 발송, 사업장을 방문하여 지도·점검을 실시하고 있다. 상반기에는 ① 청년, 여성, 외국인 등 취약계층을 다수 고용하고 있는 사업장, ② 기간제 및 단시간 등 비정규직 근로자를 다수 사용하는 사업장, ③ 과거 3년 내 정기근로감독을 받지 않은 사업장을 중심으로 정기 근로감독이 이루어지고 있으며 특히 2024년부터는 재직근로자의 '익명제보'를 토대로 한 기획감독[13)]을 실시하고 신고사건 다발 사업장 역시 근로감독을 강화하고 있다.

또한 2024년에는 근로감독 이후에도 법 위반이 발생한 사업장에 대한 재감독을 근로감독 유형으로 신설한 바, 근로감독 시정명령을 받은 사업장에서는 그 시정사항에 대하여 정비가 제대로 이루어지고 있는지를 점검해 볼 필요가 있다. 이하에서는 근로감독 제도에 대해 다시 한 번 이해하도록 한 후, 우리 사업장에서 대비해야 하는 사항은 무엇인지를 확인해보고자 한다.

---

13) 고용노동부는 2023년 12월까지 1차 익명제보센터를 운영하여 총 165건의 제보를 접수, 24년 1월부터 기획감독을 실시하고 있음

1. 근로감독의 종류와 조치 사항

(1) 근로감독 종류

일반적으로 근로감독은 정기근로감독, 수시근로감독, 특별근로감독으로 구분되며, 2024년에는 근로감독 이후 법 위반이 발생한 사업장을 대상으로 하는 재감독이 신설되었다. 고용노동부는 ① 정기근로감독은 취약계층(청년, 여성, 외국인 등) 다수 고용 사업장, 비정규직 근로자 다수 고용 사업장, 과거 3년 내 정기근로감독을 받지 않은 사업장을 대상으로 선정하고 있고, ② 수시근로감독의 경우 임금체불, 모성보호, 장시간 근로, 부당노동행위를 중심으로 IT, 플랫폼, 대형병원 등을 중심으로 기획감독을 실시하겠다고 밝힌 바 있다. ③ 특별근로감독은 임금의 상습체불이 있거나, 직장 내 성희롱·괴롭힘 등 사회적 물의를 일으킨 기업에 대하여 무관용 원칙으로 감독을 실시하겠다고 밝혔다. ④ 2024년에는 재감독이 추가되었는데, 이미 근로감독을 받았다 하더라도 법 위반이 반복되는 사업장을 대상으로 고의·상습적인 법 위반과 근로자의 건강권·인권을 침해하는 행위에 대해서는 즉시 사법처리 또는 과태료 부과 원칙을 확립하겠다고 밝힌 바 있다.

참고 근로감독의 종류

구분	내용
정기감독	◦ 연도별 근로감독 종합시행계획에 따라 실시하는 근로감독
수시감독	◦ 사업장근로감독종합(세부)시행계획이 확정된 이후 정기감독계획에 반영하지 못한 사항 중 다음 각목의 어느 하나에 해당하는 사업장 또는 업종을 대상으로 별도의 계획을 수립하여 실시하는 근로감독 가. 동향, 제보, 언론보도 등을 통하여 노동관계법령 위반 가능성이 있다고 판단되는 사업장 나. 근로감독 청원 등이 접수되어 사업장 감독이 필요하다고 인정되는 사업장 다. 신고사건을 처리하는 과정에서 해당 사업장의 다수의 근로자에 대한 노동관계법령 위반의 가능성이 있다고 판단되는 사업장 라. 위 각 목의 어느 하나에 해당하거나 그에 준하는 사유가 있는 사업장 또는 업종에 대하여 본부에서 수시감독 계획을 시달한 경우
특별감독	◦ 노동관계법령 위반사실을 수사하기 위해 실시하는 근로감독 가. 노동관계법령·단체협약·취업규칙 및 근로계약 등을 위반하는 중대한 행위로 인하여 노사분규가 발생하였거나 발생 우려가 큰 사업장 나. 임금 등 금품을 지급기일 내에 지급하지 아니하여 다수인 관련 민원이 발생하거나 상습체불 등으로 사회적 물의를 일으킨 사업장 다. 불법파견 또는 기간제·단시간·파견근로자에 대한 차별적 처우 등으로 사회적 물의를 일으킨 사업장 라. 폭언, 폭행, 직장 내 성희롱, 괴롭힘 등 근로자에 대한 부당한 대우로 사회적 물의를 일으킨 사업장 마. 위 각 목의 어느 하나에 해당하거나 그에 준하는 사유가 발생할 우려가 있는 사업장에 대하여 본부에서 특별감독계획을 시달한 경우
재감독	◦ 근로감독 이후에도 상습적으로 법 위반이 발생한 사업장에 대하여 실시하는 근로감독

(2) 근로감독 결과 법 위반사항 발견 시 조치

근로감독에서 법 위반사항이 발견되더라도 곧바로 처벌되지는 않는다. 근로감독 후 근로감독관은 위반 법령의 내용, 시정지시 내용, 시정기한 등을 구체적으로 적시한 시정지시서를 발부한다. 시정기한 내에 시정 완료하면 내사 종결하고 별도의 처벌은 받지 않으나, 기한 내에 시정하지 않으면 범죄인지 보고 후 수사에 착수하며, 행정질서벌의 경우 과태료를 부과한다. 다만, 법 위반사항 중 '즉시시정' 또는 '즉시범죄인지'의 경우 별도의 시정기간을 부여하지 않고 즉시 사법처리 하거나 과태료를 부과할 수 있고, 근로감독 실시일을 기준으로 최근 3년간 동일한 사항을 다시 위반한 경우도 그러하므로 지속적인 노무관리가 필요하다 하겠다.

특히 고용노동부는 고의·상습적으로 임금을 체불한 경우, 임금체불 등으로 사회적 물의를 일으킨 기업에 대하여는 무관용 원칙으로 엄정 대응하겠다고 밝힌 바 있으므로, 우리 사업장에서 임금이 적정하게 산정되어 근로자에게 지급되고 있는지를 점검할 필요가 있다. 특히 평균임금, 통상임금이 제대로 계산되었는지, 그로 인해 퇴직금, 연차수당, 연장·야간·휴일근로수당 등이 과소지급되지는 않았는지(과소지급의 경우 결과적으로 임금체불에 해당)를 살펴보아야 한다.

2. 근로감독 시 준비 서류

근로감독이 이루어지게 되면 근로감독관이 공문을 통해 사전에 준비해야 할 사항을 안내해준다. 사업자등록증부터 퇴직금 지급 관련 서류까지 근로관계에서 이루어지는 전반적인 법 위반 여부를 점검하기 위해 기본적으로 요구하는 사항이다. 사업장에서는 근로감독관이 요구하는 서류를 준비하며 사전에 법 위반여부를 점검해 본 후, 대응방향을 미리 마련할 필요가 있다.

참고 근로감독 시 준비해야 하는 서류

요구 서류	목적(확인하고자 하는 사항)
사업자등록증 등	◦ 고용주(대표이사)의 확인
근로자명부	◦ 정규직, 비정규직, 여성근로자 수 등 확인 - 비정규직(기간제, 단시간, 파견) 사용 시 차별적 처우 여부 - 여성의 경우 모성보호 제도 준수 여부
근로계약서	◦ 근로계약서 내 법정 필수 기재사항 준수 여부 - 통상임금 적정 산정 여부 - 임금구성항목과 임금대장, 지급내역이 일치하는지 여부
임금대장	◦ 근로계약과 일치하는지 여부 및 통상임금 적정산정 여부 - 통상임금에 따른 시간외근로수당 적정 지급 여부 - 최저임금 미달 여부
출퇴근 기록자료	◦ 주52시간 위반 여부 및 임신근로자 시간외근로 발생 여부

연장 · 야간 · 휴일근로 내역	◦ 1주 12시간 연장근로 제한 위반 여부 ◦ 시간외근로수당 지급 여부
연차 사용 내역	◦ 미사용연차에 대한 수당 지급 여부
임금명세서	◦ 근로계약서, 임금대장과 일치여부 및 법정 필수 기재사항 준수 여부
급여 이체 내역 등	◦ 근로계약서, 임금대장, 임금명세서와 일치 여부
퇴직급여 지급 서류	◦ 평균임금 적정 산정 여부
기타 노동 관련 서류	◦ 취업규칙, 노사협의회, 근로자대표 서면합의 등 법에서 정하고 있는 내용 및 요건을 준수하고 있는지 여부

3. 주요 점검 사항

(1) 근로계약 관련

근로계약서는 근로감독 시 필수 점검사항이므로 미작성으로 적발되지 않도록 반드시 근로자의 입사 시점에 작성할 필요가 있다. 특히 1주 이하 단기간의 일용직 근로자를 고용할 경우에도 반드시 근로계약서를 작성할 필요가 있다는 것에 유의해야 한다.

참고 근로계약서 관련 점검 사항

점검 사항	주요 내용
근로계약서 필수 명시사항	◦ 임금 구성항목, 계산 · 지급방법 ◦ 소정근로시간 ◦ 휴일, 연차유급휴가 ◦ 취업장소와 종사업무

기간제·단시간근로자 근로계약서 필수 명시사항	◦ 근로계약기간(기간제의 경우) ◦ 근로시간, 휴게시간 ◦ 임금 구성항목, 계산·지불방법 ◦ 휴일, 휴가 ◦ 취업장소와 종사업무 ◦ 근로일 및 근로일별 근로시간(단시간의 경우)
근로계약서 서면 교부	◦ 근로계약서를 서면으로 작성하여 근로자에게 교부

(2) 임금 관련

근로감독 시 임금과 관련하여 주로 발생하는 이슈는 ① 통상임금을 잘못 계산하여 연장·야간·휴일수당 또는 연차수당이 적게 지급되거나, ② 시간외근로에 대해 보상휴가를 부여하면서 법정요건을 준수하지 않은 경우(가산율 미반영, 근로자대표 서면합의 부재), ③ 평균임금을 잘못 계산하여 퇴직금이 적게 지급된 경우가 대부분이다. 이에 더해 최저임금이 미달되는 경우가 간혹 존재하므로 임금지급 내역을 사전에 점검하여 법 위반 사례가 존재하는지를 확인해야 한다.

참고 임금 관련 점검 사항

점검 사항	주요 내용
연장·야간·휴일근로 가산임금 지급	◦ 가산임금의 기준이 되는 통상임금을 정확하게 산정했는지 ◦ 포괄임금(또는 고정OT) 산정이 적정한지 여부 ◦ 연장·야간·휴일근로에 대한 가산임금 지급여부 ◦ 근로자의 날 등 유급휴일에 근무한 근로자에 대하여 휴일근로수당을 지급하였는지 여부

최저임금 준수 여부	◦ 최저임금을 상회하는 임금이 지급되었는지 ◦ 1년 미만 기간제 또는 단순노무종사자의 수습기간 중에 최저임금을 적용하여 임금을 지급하였는지
금품청산	◦ 퇴직일로부터 14일 이내에 임금, 퇴직금, 연차유급휴가 미사용수당 등 일체의 금품을 지급하였는지 여부

(3) 근로시간 관련

고용노동부는 근로감독 종합계획을 통해 “일과 삶의 균형, 건강권을 해치는 장시간 근로”를 개선하는 데 근로감독 역량을 최우선 집중할 계획임을 밝혔다. 이에 따라 IT업종을 중심으로 근로감독이 다수 이루어지고 있다. IT업종 특성상 자율적인 문화를 강조하며 별도로 근로시간을 관리하지 않고 자율출퇴근제를 운영하고 있는 경우가 많은데, 이 경우 우리 사업장에서 주52시간 제한이 지켜지고 있는지, 연장・야간・휴일근로가 적정하게 이루어지고 있는지를 입증할 수 없다는 점에서 근로감독에 취약한 부분이 존재하므로 유의할 필요가 있다. 특히 근로감독관에 따라 해당 사업장에서 장시간 근로가 이루어지는 것이 의심되나 회사가 근로시간에 대한 별도의 자료를 준비하지 못하거나, 장시간 근로가 이루어지지 않는다는 것을 입증할 수 있을만한 근거를 제시하지 못하는 경우 출입기록에 대한 데이터를 바탕으로 출근시간부터 퇴근시간까지 모두를 근로시간으로 간주하는 경우도 발생할 수 있다는 점에서, 근로시간에 대한 사전 대비는 필수적이라고 할 수 있다.

한편, 임신근로자에 대한 시간외근로는 절대적으로 금지된다는 점에서, 우리 사업장에서 임신한 여성근로자가 연장, 야간, 휴일근로를 실시하지 않도록 관리해야 한다. 임신한 사실을 몰랐다면 참작이 가능하나, 임신한 사실을 알았음에도 연장근로가 이루어지는 것을 방치한다면 즉시 과태료를 부과할 수 있다는 점에서 보다 세심한 관리가 필요하다.

참고 근로시간 관련 점검 사항

점검 사항	주요 내용
근로시간 한도 준수 여부	◦ 일반근로자 1주 52시간(법정 40시간, 연장 12시간) ◦ 연소근로자 1주 40시간(법정 35시간, 연장 5시간) ◦ 임신근로자에 대해 연장근로가 발생했는지 여부 ◦ 산후 1년 미만자의 연장근로시간
연장·야간·휴일근로 근로자 동의여부	◦ 연장근로 시 근로자의 동의가 있었는지 여부 ◦ 18세 이상 여성근로자 야간·휴일 동의 여부 ◦ 임산부와 연소근로자의 야간·휴일근로에 대한 요건 준수
휴게시간 부여 여부	◦ 4시간 이상 근로 시 30분, 8시간 이상 근로시 1시간 이상 ◦ 4시간 이상의 연장근로에 대하여 추가적인 휴게시간 부여

(4) 휴일 및 휴가 관련

사용자는 근로자에게 1주 평균 1회 이상의 주휴일과 법정공휴일, 근로자의 날에는 유급으로 휴일을 부여하여야 한다. 휴일과 관련하여는 휴일에 근로한 경우 휴일근로수당을 적정하게 지급하였는지 여부를 중심으로 점검이 이루어진다.

연차휴가와 관련하여는 법적 기준에 맞추어 휴가를 부여하였는지, 사용하지 못한 휴가에 대하여 임금으로 보상하였는지, 연차휴가 사용촉진제도를 운영중인 경우에는 법적 절차에 따라 촉진조치가 이루어졌는지 여부를 중심으로 점검한다. 특히 연차촉진을 시행하여 미사용연차에 대해 수당을 지급하지 않았다면, 실제 노무수령거부가 이루어졌는지를 입증해야 한다.

참고 휴일 및 휴가 관련 점검 사항

점검 사항	주요 내용
유급휴일	◦ 1주 1회 이상 주휴일 부여 여부 ◦ 유급휴일에 근무한 경우 휴일근로수당 지급 여부 ◦ 보상휴가가 적법하게 부여되었는지 여부 ◦ 보상휴가를 부여하는 경우 근로자대표와 서면합의 여부 ◦ 휴일대체 시 근로자대표와 서면합의 여부
연차유급휴가	◦ 1년 미만 근로자 최대 11일의 연차유급휴가 부여 ◦ 1년 80% 이상 근무자 15일의 연차휴가 부여, 80% 미만 출근자에게 1개월 개근 시 1일의 연차휴가 부여 ◦ 연차를 이월할 경우 근로자의 동의 여부 ◦ 미사용연차수당 지급 여부
연차유급휴가 사용촉진	◦ 근로기준법에 따라 시기별 사용촉진조치가 적법하게 이루어졌는지 여부

(5) 모성보호 관련

최근 모성보호제도를 준수하고 있는지 여부를 점검함에 있어 주로 점검하는 사항은 ▲임신 중인 여성근로자의 시간외근로가 있었는지 여부, ▲임신기 및 육아기 근로시간 단축제도를 적용받고 있는 근로자가 1일의 연차를 사용하는 경우 단축된 시간에 비례하여 연차를 차감하고 있는지 여부이다. 임신중 여성근로자의 시간외근로에 대한 사항은 앞서 근로시간 관련부분을 참고하면 되고, 근로시간 단축제도를 적용받는 경우 연차사용에 대한 부분도 주로 적발되는 사례중 하나이므로 관련 담당자는 이를 숙지해야 한다.

임신기 근로시간 단축제도는 임신 후 12주 이내 또는 36주 이후에 있는 여성근로자가 임금의 삭감 없이 1일 2시간의 근로시간을 단축할 수 있는 제도이다. 이 제도를 활용하여 1일 6시간을 근로하는 여성근로자가 1일의 연차를 사용했을 때, 이 근로자의 잔여연차일수에서 1일을 차감하는 것이 아니라 6시간을 차감해야 한다. 통상근로자의 연차 1일은 8시간이므로 나머지 2시간은 시간단위의 연차를 사용하도록 하거나 수당으로 지급해야 한다.

행정해석 여성고용정책과-5185, 2018.12.12.

임신기 근로시간 단축기간에 연차유급휴가를 1일 단위로 부여한 경우 1일 6시간 사용으로 산정하며, 연차유급휴가를 시간단위로 부여(3시간)한 경우에는 부여한 시간(3시간)만 사용한 것으로 산정해야 합니다.

8월 노무·세무

(6) 비정규직 차별 관련

「기간제 및 단시간근로자 보호 등에 관한 법률」 제8조에 따라 사용자는 기간제 · 단시간 근로자임을 이유로 사업장 내 동종 또는 유사한 업무에 종사하는 기간의 정함이 없는 근로자에 비하여 합리적 이유 없이 차별적 처우를 할 수 없다. 이에 따라 ▲임금, ▲정기상여금, 명절상여금 등 정기적으로 지급되는 상여금, ▲경영성과에 따른 성과금, ▲그 밖에 근로조건 및 복리후생 등에 관한 사항에 대해 차별적 처우가 금지된다.

근로감독 시에는 조직도, 직원명부, 업무분장표, 임금대장, 복리후생 규정 등을 확인하여 비교대상 근로자 간에 차별적 처우가 있었는지 여부를 확인한다. 따라서 비교대상 근로자가 있는 경우 비정규직에게 달리 적용하는 사항이 있다면 합리적 이유가 있는지 여부를 점검하여 차별시정 명령에 대비할 필요가 있다.

(7) 취업규칙, 노사협의회 등

상시 근로자 수가 10인 이상인 경우 취업규칙을 작성하여 고용노동부에 신고해야 한다. 대부분의 사업장에서는 취업규칙을 작성해 두었을 것인데, 작성 후 상당기간이 지났다면 그 사이에 개정된 법령을 반영하지 못한 경우가 대부분일 것이다. 특히 모성보호와 관련된 사항에서 많은 개정이 이루어졌으므로 이러한 부분이 누락된 점이 없는지를 점검해 볼 필요가 있다. 물론 근로감독 당시에 개정이 이루어지지 않았다 하더라도, 시정명령을 받은 이후 즉시 개선한다면 큰 리스크는 없다. 다만, 시정기한이 존재하기 때문에 법 개정사항 이외에도 인사·노무제도에 대한 개정이 필요한지를 충분히 고민할 시간은 부족할 수 있으므로 지금이라도 취업규칙을 점검해 보는 것이 좋겠다.

상시 근로자 수가 30인 이상인 경우 ▲노사협의회를 설치하고 ▲노사협의회 규정을 작성·신고해야 하며, ▲ 매 3개월마다 정기적으로 회의를 개최하여야 한다. 30인 이상인 사업장에서 노사협의회를 설치하지 않았다면 역시 시정명령 대상이 된다. 노사협의회의 경우 근로자위원의 선출과정부터 상당한 시간이 소요될 수 있다는 점에서 우리 사업장에 근로감독이 나온다는 공문을 받지 못했더라도 사전에 준비할 필요가 있다.

참고 취업규칙, 노사협의회 등 관련 점검 사항

점검 사항	주요 내용
정기회의 개최	◦ 노사협의회를 설치하고 정기적으로 회의를 개최하는지 ◦ 노사협의회 규정을 작성하고 신고하였는지
고충처리위원	◦ 고충처리위원을 선임하였는지 ◦ 고충처리를 접수한 경우 적절한 방법으로 처리하였는지

4. 마치며

근로감독의 결과가 기업에 미치는 영향은 상당하다. 긍정적인 측면에서는 우리 회사의 노무관리 수준이 어느정도인지를 진단해 볼 수 있고, 부정적인 측면에서는 법 위반에 대한 법적·재무적 리스크가 발생할 수 있다는 점에서 사전에 대응하는 것이 특별히 중요하다. 따라서 선제적인 노동관계법령 준수 확인, 실무적 업무 프로세스 진단 및 개선 등 보다 능동적으로 대응하여 근로감독에 대한 부정적 리스크를 최소화하도록 하는 것이 중요하다.

2 세무관리 주요 업무

1. 12월말 결산법인 법인세 중간예납(31일)

(1) 주요내용

법령이나 정관 등에서 12월 31일을 사업연도 종료일로 하는 내국법인은 중간예납기간[14]에 대한 법인세액을 중간예납기간이 지난 날부터 2개월 이내에 납세지 관할 세무서에 납부할 의무가 있다.

(2) 중간예납세액의 계산

중간예납기간에 대한 법인세액은 다음의 두 가지 중 어느 하나의 방법을 선택하여 계산하도록 규정하고 있다.

1) 직전 사업연도의 산출세액을 기준으로 하는 방법

중간예납세액
=직전 사업연도의 법인세 산출세액(가산세 포함[15])−직전 사업연도의 감면·공제 법인세액−직전 사업연도의 원천징수세액, 수시부과세액[16]

14) 사업연도 개시일부터 6개월이 되는 날까지로 하며, 12월31일 결산법인의 경우에는 1월1일~6월30일에 해당한다.

15) 토지등 양도소득에 대한 법인세액 및 투자·상생협력 촉진을 위한 과세특례를 적용

8월 노무·세무

2) 해당 중간예납기간의 법인세액을 기준으로 하는 방법

중간예납세액
={(중간예납기간÷법인세 과세표준)×(12÷중간예납기간)×법인세율×(중간예납기간÷12)}−중간예납기간의 감면 · 공제세액, 원천징수세액, 수시부과세액

단, 다음의 어느 하나에 해당할 경우에는 위 2)에 따른 법인세액으로 계산하여야 한다.

- 직전연도 법인세로서 확정된 산출세액이 없는 법인
- 중간예납기간 만료일까지 직전연도 법인세액이 확정되지 않은 법인
- 분할신설법인 또는 분할합병의 상대방법인의 분할 후 최초 사업연도인 경우

(3) 중간예납세액 납부의무 면제대상

다음 중 어느 하나에 해당하는 법인은 중간예납세액을 납부할 의무가 없으니 참고 바란다.

- 해당 사업연도에 합병이나 분할에 의하지 않고 신규 설립된 법인
- 중간예납기간에 휴업 등의 사유로 수입금액이 없는 법인

한 법인세액은 제외한다.

16) 직전 사업연도의 중간예납세액은 차감하지 않음에 유의한다.

• 「법인세법 제63조제1항제1호 각 목에 해당하는 학교법인

• 직전 사업연도에 중소기업인 법인으로서, (2)의 1)에 따라 계산한 세액이 50만원 미만인 법인[17)]

(4) 세무관리 유의사항

납부할 세액이 1천만원을 초과하는 경우, 법인세 확정신고의 분할납부 규정을 준용[18)]하며, 법인세 확정신고와 달리 지방소득세의 납부는 없다.

만약 중간예납 납부기한 내에 무신고·미납부시, 신고불성실 가산세는 없으나 미납한 기간에 대한 납부불성실 가산세는 부과되기 때문에 기한 내에 납부하는 것이 무엇보다 중요하다고 할 것이다.

납부한 중간예납세액은 법인세 확정신고 시, 기납부세액으로 공제된다.

---

17) 50만원 미만에는 직전 사업연도에 결손 등이 발생한 경우도 포함하며, 직전 사업연도에 중소기업이 아닌 법인은 해당하지 않음에 유의한다.

18) 납부할 세액이 1천만원을 초과하는 경우, 납부기한이 지난 날부터 1개월(중소기업은 2개월) 이내에 분납할 수 있으며, 납부할 세액의 범위에 따라 다음에 의한다.
① 납부할 세액이 2천만원 이하인 경우 : 1천만원을 초과하는 금액
② 납부할 세액이 2천만원 초과인 경우 : 그 세액의 50% 이하의 금액

9월
노무 / 세무
주요 업무

- 추석연휴 노무관리 **[노무]**

- 종합부동산세 합산배제 및 과세특례 신고(신청) **[세무]**

1 추석연휴 노무관리 [노무]

9월에는 법정휴일인 추석연휴(9월 16일 월요일 ~ 9월 18일 수요일, 3일)가 있다. 법정휴일은 유급으로 휴가를 부여해야 하고, 휴일에 근무하는 경우에는 통상임금의 100분의 50 이상[19]을 가산한 임금을 지급해야 한다. 많은 기업이 휴일에 근무할 경우 다른 근무일에 휴가를 사용하도록 하는 제도를 운영하고 있고, 365일 영업이 이루어져야 하는 기업에서는 근무스케쥴에 따라 추석연휴에도 출근해야 하는 경우가 발생한다. 때문에 휴일근로를 둘러싼 분쟁이 자주 발생하게 되는데, 실무적으로 휴일에 근무하는 경우 어떤 이슈가 발생할 수 있는지를 확인하여 사전에 대응할 필요가 있다.

1. 법정휴일의 개념

(1) 법정휴일의 종류

법정휴일은 ▲주휴일, ▲공휴일・대체공휴일, ▲근로자의 날을 의미한다. 5인 이상 사업장에서는 근로기준법 제55조 및 동법 시행

19) 8시간 이내의 휴일근로(통상임금의 100분의 50), 8시간을 초과한 휴일근로(통상임금의 100분의 100)

령 제30조에 따라 「관공서의 공휴일에 관한 규정」에 따른 공휴일 및 대체공휴일은 근로자가 근로하지 않더라도 유급으로 보장하여야 한다. 이는 정규직인지 기간제·단시간 근로자인지 고용형태와 관계 없이 근로기준법상 근로자에 해당한다면 모두 적용된다.

참고 근로기준법상 휴일에 관한 규정

구분	근로기준법 제55조(휴일)	근로기준법 시행령 제30조(휴일)
주휴일	① 사용자는 근로자에게 1주에 평균 1회 이상의 유급휴일을 보장하여야 한다.	① 법 제55조제1항에 따른 유급휴일은 1주 동안의 소정근로일을 개근한 자에게 주어야 한다.
공휴일 및 대체 공휴일	② 사용자는 근로자에게 대통령령으로 정하는 휴일을 유급으로 보장하여야 한다. 다만, 근로자대표와 서면으로 합의한 경우 특정한 근로일로 대체할 수 있다.	② 법 제55조제2항 본문에서 "대통령령으로 정하는 휴일"이란 「관공서의 공휴일에 관한 규정」 제2조 각 호(제1호[20]는 제외한다)에 따른 공휴일 및 같은 영 제3조에 따른 대체공휴일을 말한다.

20) 일요일

참고 관공서의 공휴일에 관한 규정에 따른 공휴일 및 대체공휴일

공휴일	대체공휴일
◦ 국경일 중 3·1절, 광복절, 개천절 및 한글날 ◦ 1월 1일 ◦ 설날 전날, 설날, 설날 다음날(음력 12월 말일, 1월 1일, 2일) ◦ 부처님오신날(음력 4월 8일) ◦ 5월 5일 (어린이날) ◦ 6월 6일 (현충일) ◦ 추석 전날, 추석, 추석 다음날(음력 8월 14일, 15일, 16일) ◦ 12월 25일(기독탄신일) ◦ 「공직선거법」 제34조에 따른 임기 만료에 의한 선거의 선거일 ◦ 기타 정부에서 수시 지정하는 날	◦ 3·1절, 광복절, 개천절 및 한글날, 부처님오신날, 어린이날, 기독탄신일의 공휴일이 토요일이나 일요일과 겹치는 경우 ◦ 설·추석 연휴가 일요일과 겹치는 경우 ◦ 3·1절, 광복절, 개천절 및 한글날, 설·추석 연휴, 부처님오신날, 어린이날, 기독탄신일이 다른 공휴일과 겹치는 경우

참고 근로자의 날 제정에 관한 법률에 따른 휴일

5월 1일을 근로자의 날로 하고, 이 날을 「근로기준법」에 따른 유급휴일(有給休日)로 한다.

(2) 유급휴일에 해당

법정휴일은 유급휴일에 해당하고, '유급휴일'은 근로를 제공하였더라면 지급받을 수 있었던 금액을 지급받으면서 근로제공의 의무는 없는 것으로 정하여진 날을 말한다. 즉, 근로자가 실제 근무를

하지 않더라도 소정근로시간에 해당하는 임금을 지급해야 한다는 것을 의미한다. 만약 근로자가 유급휴일에 근로한 경우에는 ▲유급으로 당연히 지급되는 임금과 ▲그 유급휴일의 근로에 대한 소정의 통상임금을 포함한 임금(휴일근로수당)을 지급해야 한다.

2. 추석연휴와 임금

(1) 근무하지 않더라도 유급으로 보장

추석 전날(9월 16일, 월), 추석(9월 17일, 화), 추석 다음날(9월 18일, 수)은 유급휴일에 해당한다. 유급휴일은 근로자가 실제 근무를 하지 않더라도 소정근로시간에 해당하는 임금을 지급해야 한다. 소정근로시간이란 법정근로시간(1일 8시간, 1주 40시간)의 범위 내에서 근로자와 사용자 사이에 근로하기로 정한 근로시간을 의미하므로, 예컨대 1일 8시간 주 5일 근무하는 통상 근로자에게는 8시간에 해당하는 임금을, 1일 4시간 주 5일 근무하는 단시간 근로자에게는 4시간에 해당하는 임금을 지급하면 된다.

월급제 근로자의 경우 매월 지급하는 임금에는 유급휴일에 대한 임금도 포함되므로 유급휴일에 별도로 유급휴일수당을 지급할 필요는 없다. 여기서 월급이라 함은 임금이 월단위로 결정되어 월의 근로일수나 근로시간의 많고 적음에 관계 없이 일정한 임금이 지급되는 임금형태를 뜻한다.[21)]

시급제 근로자(또는 일급제 근로자) 즉, 회사가 근로자별로 각 시간급 임금을 책정하여 그 임금에 근로자들이 매월 실제 근로한 시간수를 곱한 금액을 월급여로 지급하는 형태의 임금체계라면 통상 1일의 근로를 제공하였을 때 지급해야 할 임금 100%를 추가로 지급하며 휴일을 부여해야 한다.

(2) 추석연휴에 근무하는 경우

추석연휴에 근무하는 것은 휴일근로에 해당하므로 휴일근로수당을 지급해야 한다. 이때 휴일근로수당은 ▲8시간까지는 1.5배의 임금을, ▲8시간을 초과하는 시간에 대해서는 2배의 임금을 산정하여 지급해야 한다.

휴일근로수당은 임금 지급 형태에 따라 달리 산정되는데, 추석에 8시간을 근무했다고 볼 때, 월급제 근로자라면 월 소정 급여에 더하여 휴일에 근로함에 따라 발생한 휴일근로수당 150%를 추가로 지급하면 되고, 일급 또는 시급 근로자의 경우 유급휴일에 당연히 지급되는 임금 100%와 휴일에 근로를 제공함에 따라 발생한 휴일근로수당 150%, 총 250%의 임금을 지급해야 한다. 만약 상시 근로자수 5인 미만 사업장이라면 근로기준법에 따른 가산임금과 법정공휴일을 적용받지 않는다. 따라서 5인 미만 사업장에서 추석을

21) 대법원 1994.5.24. 선고 93다32514 판결

무급휴일로 운영한다면, 해당일에 근무했다 하더라도 유급휴일수당이나 휴일근로에 대한 가산임금을 지급할 필요는 없다.

참고 추석연휴에 근무하는 경우 수당 계산 : 5인 이상 사업장, 8시간 이내 근로 기준

구분	유급휴일수당	휴일근로수당		계
		실 근로분	가산 임금	
월급제	월급여에 포함	100%	50%	150%
시급·일급제	100%	100%	50%	250%

3. 추석연휴 노무관리 이슈

(1) 다른 휴일과 중복되는 경우

올해 추석연휴의 경우 월~금을 소정근로일로 하는 사업장이라면 특별한 이슈가 발생할 일은 없으나 스케쥴근무를 하는 경우에는 월~수 중의 특정일이 주휴일 또는 무급휴일에 해당할 수가 있다. 만약 추석연휴가 주휴일과 같은 다른 유급휴일과 중복되는 경우 단체협약·취업규칙 등에서 추가의 휴일을 부여한다는 규정이 없는 한 근로자에게 유리한 하나의 휴일만 인정된다. 휴무일(ex. 토요일)은 애초부터 근로제공이 예정되어 있지 않은 날로서 무급휴무일과 법정 공휴일 겹칠 경우 유급휴일수당 100%를 지급하지 않아도 된다.

행정해석 근기 68207-2016, 1999.8.18.

근로기준법상 주휴일은 1주간의 소정근로일수를 개근한 자에게 1회의 유급휴일을 부여하는 것으로서 단체협약이나 취업규칙에서 주휴일이 당해 회사의 유급휴일과 중복되는 경우 그 익일을 휴일로 한다는 등 별도의 정한 바가 없다면 1회의 휴일을 실시함이 타당하다고 사료됨.

행정해석 임금근로시간과-743, 2020.3.30.

관공서 공휴일을 근로기준법상 유급휴일로 보장하도록 한 법 개정 취지는 공무원과 일반근로자가 공평하게 휴식을 취할 수 있도록 하기 위한 것으로써, 근로자가 관공서 공휴일에 휴식을 취하더라도 임금의 삭감이 없도록 하여 온전히 휴식을 보장하기 위해 유급으로 정한 것입니다.

만약 휴무일 등과 같이 애초부터 근로제공이 예정되어 있지 않은 날이 관공서 공휴일과 겹칠 경우에 추가 휴일수당을 지급해야 한다고 해석할 경우 법 개정 취지를 넘어 근로자가 실질적으로 누리는 휴일 수는 동일함에도 추가적인 비용부담만 강제하게 되는 불합리한 결과가 발생합니다. 따라서, 휴무일 등 애초부터 근로제공이 예정되어 있지 않은 날이 관공서 공휴일과 겹칠 경우 해당 일을 유급으로 처리하여야 하는 것은 아닙니다.

(2) 휴일대체

근로기준법 제55조 제2항에서는 근로자대표와 서면으로 합의한 경우 법정공휴일(관공서 공휴일 및 대체공휴일)을 특정 근로일과 대체할 수 있도록 규정하고 있다. 휴일을 대체한 경우 원래의 휴일은 통상의 근로일로 대체 되어 근로자가 해당 공휴일에 근무했다 하더라도 휴일근로에 해당되지 않으므로 휴일근로수당을 지급하지 않아도 된다.[22)]

업무상 반드시 추석 연휴에 근무해야 한다면, 근로자대표와 서면합의로 대체될 휴일을 특정하여 사전(24시간 전)에 고지한 때에는 이러한 "휴일대체 제도"를 도입하여 추가되는 인건비를 절감할 수 있다. 여기서 근로자대표란, 근로자 과반수로 조직된 노동조합이 있으면 그 노동조합, 근로자 과반수로 조직된 노동조합이 없으면 근로자 과반수를 대표하는 자를 의미하며, 합의에 관한 사항은 노·사 당사자가 서명한 문서 형태로 작성되어야 한다. 서면합의서에 명시해야하는 사항에 대해서는 별도로 규정하고 있지 않으나, 일반적으로 ▲법정공휴일 종류, ▲휴일대체 방법(24시간 전 사전 고지), ▲휴일대체 시행 기간 등을 명시하면 된다.

22) 근로기준과-894, 2004.4.20. '근로자의 날'은 법률로서 특정한 날을 유급휴일로 정하고 있으므로 다른 날로 대체할 수 없으며, 다른 날로 대체하였더라도 근로자의 날에 근로한 경우에는 근로기준법 제55조에 의한 휴일근로수당을 지급하여야 한다.

(3) 보상휴가제

근로기준법 제57조는 근로자대표와의 서면합의가 있는 경우 근로기준법 제56조에 따른 연장·야간·휴일근로에 대한 임금을 지급하는 것에 갈음하는 휴가를 부여할 수 있다고 규정하고 있다. 따라서 추석 연휴에 근무할 경우 근로자대표와의 서면합의를 통해 휴일근로수당을 지급하는 것을 대신하여 휴가를 부여할 수 있다.

보상휴가제를 도입하기 위해서는 근로자대표와의 서면합의가 있어야 한다. 서면합의서에 명시해야하는 사항에는 별도로 규정된 바가 없고 일반적으로 ▲보상휴가제도 적용 대상(연장·야간·휴일근로 등), ▲보상휴가 부여 기준(가산율 반영 등), ▲휴가 부여 방식(일 단위 또는 시간 단위 사용 등), ▲사용 기간(1달 내 또는 해당 연도 내 소진 등), ▲임금 청구권에 관한 사항, ▲보상휴가제도 시행 기간 등을 명시한다.

근로자대표와의 서면합의를 통해 보상휴가제를 전 근로자에게 일률적으로 적용하기로 하고 연장·야간·휴일근로에 대한 임금 청구권 대신 휴가 사용권만 인정하기로 했다면, 보상휴가 사용기간 내에는 개별 근로자가 이에 대해 임금을 청구하더라도 사용자는 임금을 지급할 의무가 없으며, 근로기준법 위반 문제도 발생하지 않는다. 그러나 보상휴가 사용기간 종료 후 미사용 보상휴가에 대해서는 수당으로 정산해야 한다. 서면합의 시 '보상휴가 사용기간 내에 사용자의 귀책사유 없이 근로자가 사용하지 아니한 보상휴가에

9월 노무·세무

대하여 사용자는 임금 지급 의무가 없다 또는 소멸된다'고 규정하더라도 그러한 합의는 효력이 없다.

한편, 근로자가 추석 연휴에 출근하여 8시간의 근로를 제공하였다면 보상휴가는 가산율을 고려하여 총 12시간(8시간×1.5배)을 부여해야 한다. 이때 보상휴가의 적용대상은 노・사간의 합의에 따라 자율적으로 정할 수 있는데, 위의 예시를 기준으로 볼 때 전체 12시간에 대하여 휴가를 부여하는 것으로 정할 수도 있고, 근로자가 실제 근로한 시간인 8시간에 대해서만 보상휴가를 부여하고 가산율이 적용된 4시간에 대해서는 수당으로 지급하기로 정할 수도 있다.

(4) 교대제 근무자

교대제 근무자가 소정 근로일에 근무를 시작하고 익일 추석에 근무를 종료한 경우 휴일근로수당을 지급해야 하는지가 문제된다. 교대제 근무자도 추석에 근무하게 되면 휴일근로에 해당하므로 별도 휴일근로수당을 지급해야 한다. 다만 추석 전날에 근로(ex. 9월 15일 22:00 근무 시작)를 시작하여 추석연휴가 시작되는 날(ex. 9월 16일 10:00까지 근무)까지 근로했다면 추석 당일 시업시각 이전까지는 전날의 연장으로 보아 휴일근로수당을 지급하지 않아도 된다.

행정해석 근기 68207-562, 1994.4.1.

근로기준법상 연장근로는 동법 제42조 제1항에서 규정한 소정의 근로시간을 초과하는 근로로써 비록 역일을 달리하는 경우라 하더라도 계속근로가 인정되는 한 시업시간이 속하는 날의 근로의 연속으로 보아 연장근로시간을 산출하여야 할 것이며, 계속근로의 인정여부는 근로형태·휴식시간·노사당사자간 합의 등을 종합하여 판단해야 할 것임

(5) 일용직

고용형태에 관계없이 법정휴일은 유급휴일로 부여하는 것이 원칙이다. 다만, 유급휴일은 계속적인 근로제공에서 오는 피로회복의 기회를 제공하기 위해 마련된 제도이고, 이러한 휴일의 취지를 고려할 때 근로자의 계속적인 근로제공이 예정되어 있어야 휴일부여의 의무가 발생한다고 볼 수 있다.[23)]

따라서 일용직(1일 단위로 근로관계가 체결되고 해지되는 근로자)의 경우 법정휴일이 적용되지 않기 때문에 휴일근로수당의 지급의무도 발생하지 않는다. 즉, 올해 추석연휴에만 일용직으로 근무하는 경우라면 휴일근로가산수당을 지급하지 않더라도 무방하다. 그러나 형식상 일용근로계약을 반복적으로 체결하면서 추석연휴 전후로 계속 근로를 제공하고 있는 것으로 인정될 수 있는 경우라면

23) 대법원 2009.12.24. 선고 2007다73277 판결 참조

유급휴일로 부여해야 한다.[24)]

(6) 주 15시간 미만 근로자 및 감시·단속적 근로자

근로기준법 제18조(단시간근로자의 근로조건) 제3항에 따라 '1주 동안의 소정근로시간이 15시간 미만인 근로자'에 대하여는 주휴일과 법정공휴일이 적용되지 않는다. 또한 감시·단속적으로 근로에 종사하는 자로서 고용노동부장관의 승인을 받은 자는 근로기준법 제4장 및 제5장에서 정한 근로시간, 휴일, 휴게에 관한 규정이 적용되지 않는다. 따라서 추석연휴에 근무하더라도 휴일근로가산수당을 지급하지 않아도 된다.

24) 근기 68207-2505, 2001.8.6. 참조

2 세무관리 주요 업무

1. 2024년 귀속분 주택분 종합부동산세 합산배제 및 과세특례 신고 · 신청(30일)

(1) 주요내용

다음의 종합부동산세 과세대상에 대한 과세특례가 적용되는 경우와 합산배제주택이 있는 경우에는 2024년 9월 16일부터 9월 30일까지 주소지 관할 세무서에 신고 · 신청하여야 한다.

단, 합산배제 및 과세특례를 이미 적용받고 있는 경우에는 소유권, 전용면적 등 물건의 변동사항이 없다면 별도의 신고는 하지 않아도 된다.

참고 주요 합산배제 및 과세특례 정리

구분	주요내용	세부내용
합산배제주택	◦ 임대주택	◦ 민간매입, 민간건설 등 임대주택의 전용면적, 공시가격, 임대기간 등이 「종합부동산세법 시행령」 제3조에 따른 요건을 충족하는 주택
	◦ 사원용주택	◦ 종업원에 무상 · 저가로 제공하는 사용자 소유 주택으로서 국민주택규모 이하 또는 공시가격 6억원 이하의 주택
	◦ 기숙사	◦ 종업원 등의 주거에 제공(「건축법 시행령」 별표 1의 기숙사)

9월 노무·세무

과세 특례	◦ 일시적 2주택	◦ 1세대1주택자가 대체주택 취득 후, 3년 이내에 종전 주택을 양도하는 경우
	◦ 상속주택	◦ 1주택자가 상속을 원인으로 취득한 주택으로서 과세기준일[25] 현재 아래 어느 하나에 해당하는 주택 ① 상속개시일로부터 5년이 경과하지 않은 주택 ② 상속지분이 전체 주택 지분의 40% 이하인 주택 ③ 상속받은 주택 지분에 해당하는 공시가격이 수도권 6억원, 비수도권 3억원 이하인 주택
	◦ 지방저가주택	◦ 수도권 및 광역시·특별자치시 외의 지역, 수도권 중 인구감소&접경지역(인천 강화·옹진, 경기 연천) 공시가격 3억원 이하인 주택 1채[26]
	◦ 부부 공동명의 1주택자 특례[27]	◦ 과세기준일 현재 거주자인 부부가 1주택만을 공동으로 소유하는 경우

※ 상기의 표는 2024년 6월 기준 세법으로 작성한 표이므로, 이후 세법 개정 사항은 반영되어 있지 않음.

25) 종합부동산세의 과세기준일은 매년 6월1일이다.

26) 지방 저가주택을 2채 이상 소유하고 있는 경우에는 과세특례 적용이 배제된다.

27) 기존에 신청했으면 계속 적용되며, 특례 적용이 불리해진 경우 취소신청도 가능하다.

(2) 세무관리 유의사항

합산배제는 계산구조상 당초 공시가격 합산 단계부터 제외되는 것이며, 과세특례는 공시가격에는 합산되지만 1세대1주택자로 보아 기본공제 12억과 연령·보유기간에 따른 세액공제를 적용받게 되는 차이가 있음을 유념하여야 한다.

합산배제 신고 후 요건을 충족하지 못한 주택에 대해서는 경감받은 세액과 이자상당액을 포함하여 추가로 신고·납부하여야 함을 유념하기 바란다.

10월 노무 / 세무 주요 업무

- 연차 쓰기 좋은 달 : 연차 사용 관련 노무관리 유의사항 **[노무]**
- 연차유급휴가 사용촉진 2차 실시(회계연도 기준 사업장) **[노무]**

- 2024.2기 부가가치세 예정신고 납부 **[세무]**

1 연차 쓰기 좋은 달 : 연차 사용 관련 노무관리 유의사항 [노무]

법정공휴일이 첫째 주와 둘째 주에 연달아 존재하는 10월은 근로자의 입장에서 효율적으로 연차휴가를 사용하기 좋은 달이다. 반면, 회사의 입장에서는 한 번에 많은 인원이 연차휴가를 사용하거나 한 사람이 장기간 연차휴가를 사용하는 것이 부담스럽기 마련이다. 때문에 이 과정에서 구성원과의 마찰이 빚어지기도 한다. 인사담당자는 연차휴가 사용과 관련하여 발생할 수 있는 노무 이슈를 사전에 확인하여 효율적인 연차관리가 이루어지도록 할 필요가 있다.

10월 노무·세무

1. 적법한 연차휴가 사용방법

(1) 원칙 : 근로자가 지정한 시기에 부여

근로기준법 제60조제5항에 따라 연차휴가는 근로자가 청구한 시기에 부여하는 것이 원칙이다. 따라서, 사용자는 근로자가 연차휴가의 사용을 청구하지 않는 한 이를 강제로 사용하도록 할 수 없고, 근로자가 지정한 시기에 연차휴가를 사용할 수 있도록 해야 한다.

(2) 예외 : 사용자의 시기변경권 행사

단, 예외적으로 근로자가 청구한 날에 연차휴가를 부여하는 것이 사업 운영에 막대한 지장을 주는 경우라면 사용자는 그 시기를 변경할 수 있다.

사업 운영에 막대한 지장이 있다고 인정되기 위해서는 사업장의 업무 능률이나 성과가 평상시보다 현저하게 저하되는 등 상당한 영업상의 불이익이 발생될 정도의 사정이 존재하여야 한다. 이러한 사정이 존재하는지는 ▲근로자가 담당하는 업무의 성질, ▲남은 근로자들의 업무량, ▲사용자의 대체 근로자 확보 여부, ▲다른 근로자들의 연차휴가 신청 여부 등을 종합적으로 고려하여 판단한다.[28)]

법원은 사용자가 연차휴가의 사용으로 인한 통상적인 근로자의 결원을 예상하여 그 범위 내에서 대체 근로자를 충분히 확보해야 하므로, 단순히 해당 근로자의 휴가 사용에 따른 업무 공백이 발생하거나 인원이 부족하다는 등의 사유만으로 연차휴가의 사용시기를 변경하는 것은 정당한 시기변경권 행사에 해당하지 않는다는 입장을 보이고 있다.

즉, 단순히 남은 근로자들의 업무량이 상대적으로 많아진다는 예견 가능한 가능성만으로는 사용자의 시기변경권이 인정될 수 없으며, 적법하게 시기변경권을 행사하는 경우에도 사용자는 그 휴가

---

28) 서울고등법원 2019.4.4. 선고 2018누57171 판결

부여 시기를 조정할 수 있을 뿐, 휴가 자체를 부여하지 않는 것은 불가하다.[29)]

2. 연차휴가의 청구 절차

근로기준법은 연차휴가의 사용 절차를 별도로 정하고 있지 않다. 즉, 반드시 일정 시점 이전에 연차휴가를 청구해야 한다거나, 사용자의 동의를 얻은 경우에만 연차휴가를 사용할 수 있는 것은 아니므로, 특별한 사정이 없는 한 근로자는 별도 절차 없이 신청한 날에 연차휴가를 사용할 수 있다.

단, 근로자가 자신에게 부여된 연차휴가를 적법하게 사용하기 위해서는 휴가를 언제부터 언제까지 사용할 것인지에 관하여 특정하여야 한다. 만일 그 사용 시기를 특정하지 아니한 채 연차휴가를 사용한다는 사실만 통보하였다면 적법하게 연차휴가를 청구한 것으로 볼 수 없다.[30)]

29) 노동부 행정해석 근기 68207-2062, 2001.6.28. 참조

30) 대법원 1997.3.25.선고 96다4930 판결 참조

3. 연차사용과 관련하여 발생할 수 있는 노무이슈

(1) 샌드위치 데이에 대체되는 연차휴가

법정공휴일과 주말 사이에 이어지는 소정근로일에 존재하는 이른바 샌드위치 데이에 전체 근로자를 일괄 휴무하게 하고 연차휴가를 사용한 것으로 대체하기 위해서는 근로자대표와의 서면합의가 필요하다.

따라서 근로자대표와의 서면합의 없이 사내 게시판, 인트라넷 등을 통해 단순 공지하는 것만으로는 근로자의 연차휴가를 차감하여 해당 일에 휴무하도록 할 수 없으며, 근로자대표와의 서면합의서를 작성하는 것이 어렵다면 전체 근로자로부터 해당 일 연차휴가 사용에 대한 신청서를 제출받아야 한다.

(2) 가불형태로 부여하는 연차휴가

연차휴가는 전년도 근로에 대한 대가로서 전년도 근로가 종료된 다음 날에 발생하는 것이 원칙이다. 그러나, 근로자의 요구와 편의를 위하여 부여된 연차휴가를 모두 소진한 근로자가 청구하는 경우, 사용자는 재량에 따라 향후 발생이 예정된 연차휴가를 미리 부여하는 것도 가능하다.

한편, 사용자가 연차휴가를 선사용할 수 있도록 조치하였음에도 근로자가 연차휴가 발생 요건을 충족하지 못한 상태에서 퇴직하여 결과적으로 '연차휴가의 초과사용'이 발생하였다면 사용자는 근로자의 동의를 얻어 해당 부분만큼 임금에서 공제할 수 있다.

(3) 사유를 구체적으로 기재하지 않은 연차휴가의 사용 거부

근로기준법은 근로자가 연차휴가의 시기지정권을 행사하기 위한 요건을 두고 있는 바가 없다. 따라서, 근로자가 연차휴가를 사용함에 있어 사업 운영에 막대한 지장이 발생하는 등의 사유가 없다면, 단지 연차휴가의 청구 사유를 구체적으로 기재하지 않았음을 이유로 연차휴가 사용을 허용하지 않는 것은 불가하다.

(4) 1주 소정근로일 전체를 휴무한 경우의 주휴수당 발생 여부

유급주휴일에 대해 지급되는 수당은 근로자가 1주 소정근로일을 전부 개근할 것을 그 발생요건으로 한다. 만일, 근로자가 법정공휴일과 연차휴가의 사용 등으로 1주 소정근로일 전부를 출근하지 않았다면, 취업규칙 등에 별도 정함이 없는 한 해당 주에는 개근하지 않은 것으로 보아 주휴수당이 발생하지 않는다. 그러나 실무적으로는 월급제 근로자가 1주 소정근로일 전체를 연차휴가로 사용하더라도 임금에서 주휴수당을 공제하고 지급하지는 않는다.

한편, 법정공휴일과 연차휴가를 사용하였더라도 1주 소정근로일 중 하루라도 근무하였다면 해당 주는 개근한 것이므로 주휴수당을 지급해야 한다.

(5) 1주 소정근로일 전체를 휴무한 주의 토요일 또는 일요일 근로 시 가산수당 발생 여부

근로자가 1주 소정근로일 전체를 법정공휴일과 연차휴가의 사용으로 휴무한 후, 그 주 토요일에 나와 출근하였더라도 해당 일의 근로가 8시간을 초과하지 않거나, 해당 주의 근로시간이 40시간 이내인 경우에는 연장근로가 발생하지 않는다.

단, 취업규칙 등에 일요일을 주휴일로 특정하고 있고, 근로자가 일요일에 나와 근무하였다면 해당 일의 근로는 휴일근로가 되므로 통상임금의 50%를 가산한 임금을 지급해야 한다.

(6) 근로자가 장기간의 연차휴가를 사용하는 경우

근로자는 시기, 사유, 절차 등과 관계없이 청구하는 시기에 연차휴가를 사용할 수 있고, 사용자는 사업 운영에 막대한 지장이 없는 한 근로자가 청구한 시기에 연차휴가를 부여해야 한다.

그러나 실무적으로 근로자가 장기간의 연차휴가를 아무런 제재 없이 허용한다면 업무의 분배, 연차휴가 사용의 형평성 등 실질적인 인력 운영에 어려움이 발생할 수 있다. 따라서 회사로서는 원활한 사업 운영을 위해 장기간의 연차휴가 사용 시 사전에 회사에 청구하고 승인을 얻도록 하는 등의 절차를 마련하여 갑작스러운 장기간 연차사용으로 인한 리스크를 방지할 필요가 있다. 사전에 청구하도록 한 절차에 따라 근로자가 미리 장기간의 연차사용을 신청한다면 회사는 그에 대비하여 인력을 구축하거나, 업무 수행에 차질이 없는 방향으로 효율적인 업무 분배를 계획할 수 있고, 필요한 경우에는 당사자와 연차휴가의 사용 기간을 적절하게 합의하는 것도 가능하다.

2 연차유급휴가 사용촉진조치 2차 실시(회계연도 기준 사업장) [노무]

근로기준법 제61조에 정한 연차유급휴가 사용촉진제도에 따른 사용촉진 조치는 ① 근로자에 대한 미사용 연차유급휴가일수 통보 및 그 사용시기 지정 촉진 조치와 ② 사용시기를 통보하지 않은 근로자에 대한 사용자의 시기지정 통보 조치로 구분된다.

회계연도를 기준으로 연차유급휴가를 관리하는 사업장이라면 지난 7월 초에 첫 번째 촉진 조치를 실시하고, 두 번째 촉진 조치는 10월 이내에 하여야만 적법한 제도 운영이 가능하다. 또한, 이와 같은 조치를 모두 거쳤더라도 연차유급휴가 사용일로 지정된 날에 출근한 근로자에 대한 적극적인 노무수령 거부조치를 하여야만 그 효력이 유효한 바, 이하에서는 두 번째 사용촉진 방법과 노무수령 거부조치 방안에 대해 살펴보고자 한다.

1. 미사용 연차유급휴가의 사용 시기 지정 통보

(1) 촉진 대상 근로자의 범위

사용자가 미사용 연차유급휴가일 수를 안내하고 그 사용시기를 정하여 통보하도록 하였다면, 근로자는 그 촉구를 받은 날로부터 10일 이내에 미사용한 연차유급휴가의 사용 시기를 사용자에게 통보해야 한다.

만일, 근로자가 기간 내에 사용 시기를 통보하지 않았다면, 사용자는 해당 근로자를 대상으로 미사용한 연차유급휴가의 사용 시기를 지정하여 통보해야 한다. 단, 근로자가 기간 내에 사용 시기를 정하여 통보했다면, 해당 근로자에 대해서는 촉진 조치가 요구되지 않는다.

(2) 실시 시기

1) 계속 근로한 기간이 1년 이상인 근로자

계속근로기간 1년 이상인 근로자에 대한 사용 시기 지정 통보는 연차유급휴가의 사용 기간이 끝나기 2개월 전까지 해야 한다. 매년 1월 1일부터 12월 31일을 연차유급휴가 사용기간으로 정한 회계연도 기준 사업장이라면 근로자가 7월 11일부터 7월 20일 이내에 사용시기를 지정하여 통보하도록 하고, 기간 내 사용시기를 통보하지 않는 근로자에 한하여 7월 21일부터 10월 31일까지 미사용 연차유급휴가의 사용시기를 지정하여 통보하면 된다.

2) 계속 근로한 기간이 1년 미만인 근로자

계속하여 근로한 기간이 1년 미만인 근로자에 대한 통보는 회계연도를 기준으로 실시할 수 없다. 따라서, 회계연도 기준 운영 여부와 관계없이 근로자별 최초 1년의 근로가 끝나는 날을 기준으로 1개월 전까지 미사용한 연차유급휴가의 사용 시기를 지정하여 통보해야 한다. 나중에 발생한 연차유급휴가에 대해서는 최초 1년의 근로가 끝나기 10일 전까지 하면 된다.

참고 회계연도 기준 연차유급휴가 사용촉진 조치 예시 (1년 이상 근로자)

시기	주체	방법
7.1. ~ 7.10.	회사	◦ 미사용 연차유급휴가 일수 통보 및 사용시기 지정 촉구
7.11.~7.20.	근로자	◦ 미사용 연차유급휴가 사용시기 통보
7.21. ~ 10.31.	회사	◦ 미사용 연차유급휴가의 사용시기를 통보하지 않은 근로자에 대해 연차유급휴가 사용일 지정하여 통보

참고 연차유급휴가 사용촉진 조치 예시 (1년 미만 근로자)

※ 먼저 발생한 연차유급휴가 (1.1. ~ 9.30.)		
시기(1.1. 입사 가정)	주체	방법
10.1. ~ 10.10.	회사	◦ 미사용 연차유급휴가 일수 통보 및 사용시기 지정 촉구
10.11. ~ 10.20.	근로자	◦ 미사용 연차유급휴가 사용시기 통보
10.21. ~ 11.30.	회사	◦ 미사용 연차유급휴가의 사용시기를 통보하지 않은 근로자에 대해 연차유급휴가 사용일 지정하여 통보
※ 나중에 발생한 연차유급휴가 (10.1. ~ 12.31.)		
시기(1.1. 입사 가정)	주체	방법
12.1. ~ 12.5.	회사	◦ 미사용 연차유급휴가 일수 통보 및 사용시기 지정 촉구
12.6. ~ 12.15.	근로자	◦ 미사용 연차유급휴가 사용시기 통보
12.16. ~ 12.21.	회사	◦ 미사용 연차유급휴가의 사용시기를 통보하지 않은 근로자에 대해 연차유급휴가 사용일 지정하여 통보

(3) 사용 시기 통보 방법

연차유급휴가의 사용 시기를 지정하여 통보할 때에는 '서면'으로 해야 한다. 여기서 '서면'은 종이로 된 문서를 의미하는 것이지만, 전자결재체계를 완비하여 근로자에게 도달하였는지 여부를 확실하게 알 수 있는 경우에 한하여 이메일, 근태관리시스템 등을 활용한 조치도 유효하게 인정될 수 있다.

또한 근로자별로 통보가 이루어져야 하므로, 사내 게시판에 공고하거나, 내부적으로 공유되는 일정표에 게시하는 것은 개별 근로자에게 통보한 것으로 볼 수 없어 유효한 촉구 조치로 인정받을 수 없다.

(4) 사용 시기 변경

근로자가 연차유급휴가의 사용 시기를 통보하였거나, 회사가 근로자별 미사용 연차유급휴가의 사용 시기를 지정하였다면 근로자는 지정된 날에 연차유급휴가를 사용하는 것이 원칙이다. 단, 사용자의 동의를 얻는 경우 그 사용 시기를 변경하는 것도 가능하다.

2. 지정된 연차유급휴가 사용일에 대한 노무수령 거부 조치

(1) 노무수령 거부의 필요성

사용자가 연차유급휴가 사용촉진 조치를 하였음에도 근로자가 지정된 연차유급휴가일에 출근하는 경우가 종종 있다. 사용자가 근로기준법에 정한 절차를 모두 준수하여 연차유급휴가 사용촉진 조치를 하였더라도, 연차유급휴가일에 출근한 근로자의 노무를 수령한다면 사용촉진 조치를 이행했다고 보기 어려워 여전히 수당지급의무가 존재한다는 것이 대법원의 입장이다.[31]

따라서, 사용자의 연차유급휴가 사용촉진 조치의 유효성을 인정받기 위해서는 연차유급휴가일에 출근하여 근무를 제공하는 근로자가 있는 경우, 그에 대한 노무수령 거부의사를 명확하게 표시하여야 한다.

(2) 노무수령 거부방법

고용노동부는 명확한 노무수령 거부 의사가 있었는지 여부를 판단하는 기준으로 (1) 업무수행 및 근태관리에 대한 지시 및 통제 여부, (2) 노무수령 거부의사 방법의 명확성, (3) 출근사유와 업무수행과의 긴밀한 관련성 여부 등을 제시하고 있다.[32] 노무수령 거부

31) 대법원 2020.2.27.선고 2019다279283 판결 참조

의사가 있었는지 여부를 입증할 책임에 대해서는 법령에 명시된 바가 없지만, 고용노동부의 입장을 고려할 때 노무수령 거부의사 유무를 입증할 책임이 사용자에게 있다고 볼 가능성이 높다.

따라서 이를 입증하기 위해서 사용자는 지정된 연차유급휴가일에 노무를 제공하는 근로자가 사용자의 노무수령 거부의사를 명확하게 인지할 수 있는 객관적인 방법으로 의사표시를 해야 한다. 그 방법으로 정해진 바는 없기 때문에 사용자는 사업장의 사정을 고려하여 활용 가능한 방법을 자유롭게 적용할 수 있다.

실무적으로는 ▲연차유급휴가일에 해당 근로자의 책상 위에 '노무수령 거부의사 통지서'를 올려놓는 방법, ▲컴퓨터를 켜면 '노무수령 거부의사 통지' 화면이 나타나도록 설정하는 방법, ▲PC-OFF제도를 도입하는 방법, ▲사내 인트라넷 또는 이메일 시스템의 접근 권한을 제한하는 방법, ▲근로자의 PC에 연차유급휴가 사용일임을 안내하고 퇴근을 요구하는 팝업창이 반복적으로 나타나게 하는 방법 등의 활용을 고려할 수 있다. 이때 통지서, 팝업창 등에 표시되는 문구에는 사용자의 노무수령 거부의사를 명확히 알 수 있도록 연차유급휴가일을 안내하는 취지의 문구보다는 "노무수령을 거부한다"는 문구가 직접적으로 반영되는 것이 타당하다.

이러한 의사표시에도 불구하고 팀장, 부서장, 직속 상사 등이

32) 노동부 행정해석 근로기준과-351, 2010.3.22. 참조

해당 근로자에게 업무 지시를 한다면 노무 수령을 승인한 것으로 인정될 수 있다. 이를 예방하기 위해서는 실질적으로 업무를 지시하는 팀장, 부서장 등에게 지정된 연차유급휴가일을 포함한 일정표를 공유하여 해당 일에 출근한 근로자에게는 즉각 퇴근조치를 하도록 하고, 연차유급휴가 사용일에는 직접적인 업무지시를 하지 않음은 물론 해당 근로자가 결재 혹은 업무 이메일 수·발신, 부서 내외 협업 업무 등을 수행하지 않도록 하는 등의 인사관리가 필요하다.

한편, 적절하게 노무수령 거부가 이루어졌다고 볼 수 없는 경우 사용자는 금전보상 의무를 면제받지 못하므로, 근로자가 미사용한 연차유급휴가에 대해 수당을 산정하여 지급해야 한다. 다만, 예외적으로 근로자와 합의하는 경우 금전보상을 하는 대신 다음 해로 이월하여 사용하도록 하는 것도 가능하다.

3 세무관리 주요 업무

1. 2024년 2기 부가가치세 예정신고 납부(25일)

(1) 주요내용

사업자 유형별로 2기 부가가치세 예정신고·납부 절차를 정리하면 다음과 같다.

1) 법인사업자

구분	계속사업자	신규사업자	예정신고·납부기한
제1기 예정신고기간	7월 1일 ~9월 30일	사업개시일 ~9월 30일	10월 25일까지

직전 과세기간 공급가액의 합계액이 1억 5천만원 미만인 법인사업자는 직전 과세기간에 대한 납부세액의 50%로 결정하여 고지·납부함으로써 예정신고를 갈음할 수 있다.

10월 노무·세무

2) 개인사업자

개인사업자는 직전 과세기간에 대한 납부세액[33]의 1/2에 상당

33) 직전과세기간에 대한 납부세액은 신용카드매출전표 등 발행세액공제, 전자세금계산서 발급 세액공제 등을 차감하고 가산세가 있는 경우 이를 가산한 금액으로 한다.

하는 금액을 예정고지세액으로 결정하여 납부하고 예정신고를 하지 않는 것이 원칙이며, 환급 등으로 직전 과세기간에 납부세액이 없거나 예정신고 기간의 신규 사업자의 경우 예정신고 없이 확정신고를 하면 된다.

(2) 유의사항

개인사업자와 예정고지 대상 법인사업자의 경우, 예정고지세액이 50만원 미만인 경우 징수 하지 않으며 사업부진 또는 휴업으로 인하여 예정신고기간의 공급가액 또는 납부세액이 직전과세기간의 공급가액 또는 납부세액의 1/3에 미달하거나 예정신고기간분에 대해 조기환급을 받고자 하는 경우에는 예정고지세액을 무시하고 예정신고를 할 수 있다.

또한, 예정신고시 일반 미환급세액은 환급하지 않고 확정신고시 납부할 세액에서 공제함을 유의해야 한다.

11월
노무 / 세무
주요 업무

- 인사평가와 노동법 **[노무]**
- 연내 마무리해야 하는 업무 확인 **[노무]**

- 종합소득세 중간예납 납부, 추계액 신고납부 **[세무]**

1 인사평가와 노동법 [노무]

연말이면 거의 모든 회사에서 구성원들을 대상으로 인사평가를 실시한다. 인사평가는 개인의 목표 관리와 역량 및 능력 개발을 통한 조직 경쟁력 강화의 수단이 되기도 하지만, 일반적으로 회사는 그 평가 결과를 구성원에 대한 승진, 부서이동, 연봉책정, 나아가 징계나 해고 등 근로자의 근로조건을 결정하는 기준으로 활용한다는 점에서 노동법적인 이슈가 다수 존재하는 영역이기도 하다.

이하에서는 인사평가의 법적성격을 먼저 짚어보고, 실무상 인사평가가 활용되는 과정에서 발생할 수 있는 노동법적 이슈와 인사평가를 활용한 인사조치 등의 정당성을 확보하기 위해 평가제도를 운영하는 과정에서 유의해야 할 사항 등에 대하여 살펴보고자 한다.

1. 인사평가의 법적 성격

인사평가는 일반적으로 사용자의 고유한 인사권에 해당하여 평가 기준이나 항목의 설정, 점수의 배분 등에 있어 사용자에게 광범위한 재량권이 인정된다.[34] 그러나 그 인사평가가 근로기준법 등에

34) 대법원 2012.08.17. 선고 2012두10116 판결

위반되거나 객관적이고 공정한 평가기준을 현저하게 위반하여 인사권의 범위를 벗어나 재량권을 남용했다고 인정되는 경우 그 평가 결과를 기초로 하여 임금, 승진 등에서 인사상 불이익이 발생했다면, 이러한 인사조치는 무효가 된다.

판례 **대법원 2015.6.24. 선고 2013다22195 판결**

> "근로자에 대한 인사평가는 원칙적으로 인사권자인 사용자의 권한에 속하므로 업무상 필요한 범위 안에서는 상당한 재량을 가진다 할 것이나, 사용자는 근로자의 근무실적이나 업무능력 등을 중심으로 객관적이고 공정한 평정의 기준에 따라 이루어지도록 노력하여야 하고 … (중략) … 사용자의 인사평가가 헌법, 근로기준법 등에 위반되거나 객관적이고 공정한 평정의 기준을 현저하게 위반하여 정당한 인사권의 범위를 벗어난 때에는 인사평가의 결과는 사법심사의 대상이 되어 그 효력을 부인할 수 있다."

즉, 회사가 일반적인 평가를 통해 특정 근로자에게 낮은 평가를 준다고 하더라도 그 자체로는 사법심사 대상이 되지 않으나, 객관적이고 공정하지 못한 평가 결과에 따라 부당한 승진누락, 해고 등이 이루어진 경우에는 인사평가가 사법심사 대상에 해당하여 그 인사조치가 부당하다고 인정될 수 있다. 따라서 근로자의 역량과 업무능력, 태도를 평가해 근로자를 적재적소에 배치하고 그에 상응하는 보상·승진 등을 시행하기 위해 필요한 요소들을 평가요소로 삼아야 하며, 인사평가 결과의 공정성과 객관성을 담보하기 위해 합리적인 평가원칙을 세웠는지 등을 중요하게 고려하여야 한다.

2. 인사제도 운영과정에서 인사평가를 활용할 때 발생할 수 있는 노동법적 이슈

회사는 인사평가 결과에 따라 수습 본채용 여부, 다른 부서로의 발령, 보직해제, 승진, 보상 등 인사상 주요한 사항을 결정하며 특히, 근무성적이 현저히 낮은 근로자에 대해서는 징계, 해고까지 고려하기도 한다. 관련하여 근로기준법 제23조는 근로자에게 정당한 이유 없이 해고, 휴직, 정직, 전직, 감봉, 그 밖의 징벌을 하지 못한다고 정하고 있는데, 인사평가를 기반으로 하는 인사처분이 정당한 이유없는 징벌 등에 해당하는지 여부가 문제될 수 있다. 인사담당자는 각 인사처분의 유형별로 인사평가와 관련하여 발생하는 노동법적 이슈를 인지하여 리스크를 최소화하도록 유의해야 한다.

(1) 기간제 근로자의 계약갱신 거절과 수습근로자의 본채용 거절

갱신기대권이 인정되는 기간제 근로자에 대한 계약갱신 거절과 수습근로자의 본채용 거절은 실질상 해고에 해당하며, 회사는 사회통념상 고용관계를 계속할 수 없을 정도로 근로자에게 책임있는 사유가 있는지 등 해고의 정당한 사유를 입증할 수 있어야 한다. 단순히 업무 능력이 부족하거나 근무태도가 불량하다는 점만으로는 갱신 또는 본채용 거절의 정당성이 인정되지 않고, 근로자의 업무 적격성이 객관적인 자료에 의하여 부족하다고 인정되어야 한다.

이때 가장 많이 활용하는 수단이 평가이며, 평가 점수 자체가 갱신 또는 본채용 기준 점수에 미달하고, 낮은 점수가 나올 수밖에 없었던 사유와 해당 사유를 객관적으로 증빙할 수 있는 자료가 존재해야 정당한 해고로 인정받을 수 있다. 따라서 평가요소 중 낮은 점수를 받은 항목의 사유를 객관적으로 증빙할 수 있는 자료가 부족하고, 근무평가표 자체의 배점기준이 불명확하여 평가자의 자의적 판단이 개입될 소지가 있는 경우에는 부당해고로 판단될 수 있다.

판례 중앙노동위원회 2018.04.09. 선고 2018부해168 판결

> "① 갱신거절 이유 중 상당부분이 업무평가보다는 백○○ 등과의 갈등이 중대한 영향을 주고 있는 점, ② 갱신거절 사유 중 시설관리 태만의 경우 이를 인정할 만한 근거가 부족하고 관리사무소 내에서의 지위를 고려할 때 오히려 관리소장 또는 입주자대표회의의 관리감독상 책임이 큰 점, ③ 근무평가표의 경우 배점기준이 불명확하여 평가자의 자의적 판단이 개입될 소지가 있어 보이는 점, ④ 신규 부임한 관리소장의 근무평가가 객관적이거나 공정하다고 보기 어려운 점 등을 고려할 때, 계약 갱신거절에 합리적인 이유가 있다고 보기 어렵다."

(2) 배치전환 및 보직해제

인사평가 결과 현재의 직무에 적합하지 않거나 업무수행 능력이 부족한 경우 다른 직무로 전환하거나 대기발령을 고려할 수 있다. 이러한 배치전환, 대기발령 등은 인사권자인 사용자의 권한에 속하는 것으로, 업무상 필요한 범위 내에서 상당한 재량이 인정되며 근로기준법 등에 위반되거나 권리남용에 해당하는 등 특별한 사정이 없는 한 무효라고 할 수 없다.

배치전환 등이 권리남용에 해당하는지 여부는 업무상 필요성과 배치전환으로 인한 근로자의 생활상 불이익을 비교・교량하고, 근로자와의 협의 등 신의칙상 요구되는 절차를 거쳤는지 등을 종합적으로 고려하여 판단한다. 여기서 업무상 필요성은 ▲기존 인원을 다른 업무 또는 다른 장소로 배정하는 등 인원의 배치를 변경할 필요성이 인정되는지, ▲그 변경에 어떤 근로자를 포함하는 것이 적절한 것인가를 의미하는 인원 선택의 합리성을 말한다.

근무 분위기 저해, 근무실적 부진 등을 이유로 배치전환하면서, 이를 객관적으로 입증할 수 있는 자료가 없고, 기존 인사평가에서도 평균 이상의 성적을 받는 등 실적 저조자 등으로 보기 어렵다면, 업무상 필요성이 인정되지 않아 부당한 배치전환(전보)로 판단될 가능성도 존재한다.

판례 중앙노동위원회 2018.12.04. 2018부해998 판결

"이 사건 사용자는 이 사건 근로자가 전보대상 1순위인 '근무 분위기 저해 및 실적 부진자'에 해당한다고 주장하나, ① 근무분위기 저해자는 통상 징계사유로 볼 수 있다 할 것인데, 사용자는 근로자의 근무태도 등을 이유로 경고 등 징계를 하거나 사유서 등을 받은 사실이 없고, 근무분위기를 저해하거나 근무실적이 부진하였음을 객관적으로 입증할 자료를 제출하지 않은 점, ② 전보는 권역별 전체 인력의 10% 범위에서 실시되었으나, 근로자는 2017년도 역량평가에서 중간등급인 C등급을 받는 등 근로자가 전체 인력의 10% 범위에 해당하는 실적 저조자에 해당한다고 보기 어려운 점 등을 종합하면, 이 사건 근로자가 이 사건 전보대상에 해당된다고 보기 어려워 이 사건 전보의 업무상 필요성을 인정하기 어렵다."

(3) 승진누락

승진 역시 인사권자인 사용자의 권한에 속하는 것으로, 상당한 재량이 인정된다. 그러나 인사평가결과를 기반으로 하여 승진누락이 결정되는 경우에는 승진누락뿐만 아니라 그 기준이 된 인사평가의 정당성에 대한 문제가 제기될 수 있다.

관련하여 승진누락에 따라 급여상 불이익을 받게 되므로 감봉과 비슷한 징벌적 효과를 갖는 것으로 근로기준법 제23조의 '그 밖의 징벌'로 판단한 경우도 있어, 인사평가의 공정성・객관성이 더욱 요구되어 진다는 것에 유의해야 한다.

판례 서울행정법원 2009.10.29. 선고 2008구합46477

"구제신청의 대상은 해고, 휴직, 정직, 전직, 감봉, 견책 등에 한정되는 것이 아니라 근로자에 대한 불이익한 제재로서 이에 준하는 징벌적 성격을 갖는 것도 포함된다고 봄이 상당하다. 이 사건 근속승진누락은 그에 따라 급여상의 불이익을 받게 되어 감봉과 비슷한 징벌적 효과를 갖는 것으로서 사실상 견책보다 가혹한 불이익제재에 해당하므로 구제신청의 대상인 근로기준법 제23조 제1항 소정의 '그 밖의 징벌'에 해당한다고 보아야 할 것이다."

(4) 연봉의 동결·삭감 및 성과급의 차등 지급

인사평가 결과에 따라 최하위 등급 시 차년도 연봉을 동결·삭감하거나, 등급별 성과급을 차등 지급하도록 정하기도 한다.

관련하여 근로기준법 제95조는 취업규칙에서 근로자에 대하여 감급의 제재를 정할 경우에 그 감액은 1회의 금액이 평균임금의 1일분의 2분의1을, 총액이 1임금지급기의 임금 총액의 10분의 1을 초과하지 못하며, 동법 제23조는 정당한 이유 없이 감봉할 수 없다고 정하고 있는데, 이러한 인사평가 결과에 따른 연봉의 동결·삭감, 성과급 미지급이 근로기준법 제95조에서 정하고 있는 감급의 제재에 위반되는지, 동법 제23조에 따른 정당한 이유 없는 감봉에 해당할 수 있는지가 문제 될 수 있다.

여기서 감봉은 근로계약 관계가 존속되는 기간 중에 노무제공상의 태만이나 직장규율 위반에 대한 징계제재로서 근로자가 실제로 제공한 노무급부에 대한 임금액에서 감액하는 것이나, 인사평가 규정에 따른 연봉 삭감 등은 인사평가를 토대로 향후 1년간 받을 수 있는 임금액수를 정한 것에 불과하므로 근로기준법상 제재에 대상인 감급 또는 감봉으로 볼 수 없다고 본다.[35] 따라서 평가제도 규정상 최하등급 시 5% 임금 삭감기준을 정하고 있는 등 유효하게 도입된 평가제도에 근거하여 연봉 삭감 등이 이루어지는 경우에는 특별히 문제 되지 않는다.

다만, 특정 집단에 속한 직원 퇴출을 위해 의도적으로 인사고과를 낮게 줘 임금을 삭감하는 것이 부당하다고 판단한 사례[36]도 있으므로, 회사는 인사평가의 결과가 객관적이고 공정한 평정의 기준에 따른 것을 입증해야 할 책임을 항상 부담한다는 점을 염두에 두어야 한다.

35) 서울중앙지법 2013.11.14. 선고 2012가합643 판결, 서울고등법원 2015.3.25. 선고 2013나76231 판결, 대법원 2015.08.19. 선고 2015다24676 판결

36) 수원지방법원 2013.01.29. 선고 2012나6377 판결

(5) 징계 및 해고

인사평가에 따른 근무성적 불량에 대해 징계할 수 있으며, 징계 사유・양정・절차의 정당성이 모두 충족되어야 한다. 취업규칙 등에 근무성적 불량이 징계사유로 명시되어 있고, 취업규칙상 징계절차를 거쳐야 하며, 별도 징계절차가 없더라도 최소한 징계대상자에게 소명기회를 부여하여야 한다. 징계 양정과 관련해서도 징계 사유와 처분 간 균형, 과거 유사한 사안에서 다른 근로자와의 형평성이 인정되어야 한다.

정당한 해고에 이르기 위해서는 근로자의 근무성적이나 근무능력이 불량하다고 판단한 근거가 되는 평가가 공정하고 객관적인 기준에 따라 이루어졌을 뿐 아니라, 평가된 근로자의 근무성적 또는 근무능력이 상당기간 동안 일반적으로 기대되는 최소한에도 미치지 못하고 향후에도 개선될 가능성을 인정하기 어려운 등 사회통념상 고용관계를 계속할 수 없을 정도이어야 한다.[37] 여기서 사회통념상 고용관계를 계속할 수 없을 정도인지는 ▲근로자의 지위와 담당업무의 내용과 그에 따라 요구되는 성과나 전문성의 정도 ▲근로자의 근무성적이나 근무능력이 부진한 정도와 기간 ▲사용자가 교육과 전환배치 등 근무성적이나 근무능력 개선을 위한 기회를 부여했는지 여부 ▲개선의 기회가 부여된 이후 근로자의 근무성적이나 근

37) 대법원 2021.02.25. 선고 2018다253680 판결

무능력의 개선 여부, 기타 근로자의 태도 등을 종합적으로 고려해 판단한다.

3. 인사평가의 정당성 판단 기준

인사평가에 따른 인사처분의 정당성을 갖추기 위해서는 그 전제가 되는 인사평가의 정당성이 인정되어야 한다. 그러나 인사평가에 대한 사용자의 재량이 폭넓게 인정되고 평가의 정당성을 판단하는 법적 기준이 존재하지는 않기 때문에 인사담당자는 다양한 판례를 통해 우리 회사의 평가제도가 공정하고 객관적으로 운영되고 있는지를 검토해야 한다. 일반적으로 우리 판례에서는 평가기준, 평가방법, 평가 프로세스, 평가제도 규정 준수 여부 등을 바탕으로 정당성을 판단하고 있다.

(1) 평가 기준

평가 기준에 업무수행 과정과 결과를 평가할 수 있는 요소로 구성하고, 평가 대상 근로자의 업무 특성을 고려하여 직무별, 직급별로 평가요소에 차이를 두어 반영하는 것도 좋다. 예컨대 영업직에서 개인종합평가 점수 산출 시 고객관리 등 영업실적 비중보다 다면평가 등 다른 요소의 비중을 훨씬 높게 배치한 사안에서 영업직의 평가 기준으로서 불합리하다고 판단한 사례[38]를 참고해 볼 수 있다.

또한, 기본적으로 인사평가는 평가자의 주관성이 반영될 수밖에 없으므로 평가자의 주관적 판단이 작용할 수 있는 정성적인 항목에서 낮은 점수를 받았다고 하여 무조건 타당성과 객관성이 문제되는 것은 아니며, 판례도 인사평가에 정성적인 요소가 포함될 수 있다는 점을 분명하게 하고 있다. 그럼에도 정성적 평가 기준 특성상 평가결과의 신뢰성이 문제될 수 있으므로 다수 평가자를 통한 평가, 구체적인 근거 및 입증자료 등 정성평가 방법의 고도화를 통해 평가의 타당성과 수용성을 높이는 방안을 강구할 필요가 있다.

판례 서울고등법원 2017.01.11. 선고 2016누58064 판결

근무평가 또는 인사평가는 본질상 평가항목과 평가방법에 있어 어느 정도 추상성을 내포하고, 평가자의 주관적 의견이 반영될 수밖에 없다. 이에 의하면 원고가 내세우는 사유만으로 원고가 잘못된 평가기준에 따라 부당한 평가를 받는 바람에 해고를 당하게 된 것이라고 볼 수는 없다.

11월 노무·세무

38) 서울행정법원 2004.09.17. 선고 2003구합23769 판결

(2) 평가 방법

평가방법에는 상대평가와 절대평가가 있다. 상대평가의 특성상 최하위 등급을 이유로 무조건 근무성적이 객관적으로 부족하다고 볼 수 없으므로 평가 결과의 정당성 확보 측면에서는 절대평가가 더 안전하다. 그렇다고 상대평가 방식 자체가 바로 문제되는 것은 아니며, 절대평가를 먼저 실시한 후 상대평가 등급을 확정하거나, 상대평가 후 강제할당 방식이 아닌 임의할당 방식을 활용하여 등급을 조정할 수 있다면 정당성을 인정받을 수 있다.

판례 서울고등법원 2017.01.11. 선고 2016누58064 판결

> "참가인은 상대적 평가방식을 채택하면서도 그로 인한 불합리성을 보완하기 위하여 부서의 특성과 피평가자의 자질 등을 감안하여 평가등급을 조정할 수 있는 장치를 마련하여 두었던 것으로 보인다. 원고가 상대적 평가방식에 의하여 평가를 받았다고는 하나 특정 연도의 평가 결과만에 근거한 것이 아니라 직전 3개년 동안의 성과 평가에서 연속으로 하위 평가를 받았다는 사실은 원고가 객관적인 기준에 의하여 하위 평가를 받았다고 볼 수 있음을 의미한다."

(3) 평가 프로세스

평가자의 주관성을 배제하기 위해 1명의 단독 평가로 운영하는 것보다 복수의 평가권자로 단계적으로 운영하는 것이 바람직하다. 평가자 간 비중에서도 피평가자와의 접근도가 낮은 평가자가 전체 평가 결과를 좌우할 수 있다면, 주관적인 평가로 판단될 수 있으므로 피평가자에 대한 접근도가 높은 1차 평가자의 점수 비율을 접근도가 낮은 상위 평가자보다 높게 설정하는 것이 타당하다.

또한, 평가제도 설계 과정에서 구성원의 의견을 청취하거나, 사전에 평가항목을 미리 공개할 경우 평가제도의 공정성과 객관성을 확보하는 데 도움이 된다. 평가 이후에도 평가 결과를 공유하고 이의제기 절차를 두는 등 평가과정을 투명하게 운영할수록 평가의 합리성을 인정받는 데 유리하다.[39]

(4) 평가제도 규정 준수 여부

규정화된 제도가 있다면, 평가 시행과정에서 일부 평가절차를 생략하거나 임의로 변경하는 등 평가규정을 위반하여 평가할 경우 정당성을 인정받지 못하므로 회사 내 평가지침 등 규정을 준수하여야 인사평가를 하여야 한다.

11월 노무·세무

39) 서울행정법원 2009.10.29. 선고 2008구합46477 판결

판례 서울고등법원 2017.04.26. 선고 2016누68399 판결

> "단원평가의 공정성과 신뢰성을 확보하기 위해 운영규정에서 단원평가에 관하여 위와 같은 규정을 둔 이상 단원평가는 운영규정이 정한 방법과 절차에 따라 적정하고 공정하게 이루어져야 한다. 그런데, 원고는 참가인에 대하여 원고의 운영규정에서 정하고 있는 상시평가는 실시하지 않은 채 단 3일 간의 단원평가만 실시한 후 참가인이 L2 등급을 받았다는 이유로 이 사건 근로관계 종료를 하였고, 달리 참가인에 대한 단원평가가 원고의 운영규정이 정한 평가방법과 평가절차에 따라 적정하고 공정하게 이루어졌다는 사정은 보이지 않는다."

4. 인사평가 제도 도입 및 변경 관련 이슈

인사평가 제도의 도입 및 변경 자체를 불이익한 변경으로 판단하기 어려우나, 평가제도가 임금인상률, 승진, 배치전환 등과 연계되어 있는 경우에는 근로조건의 변경에 해당하므로 근로기준법 제94조에 따른 취업규칙 변경절차를 거쳐야 한다.

만약, 평가 결과에 따라 임금삭감, 승진누락, 징계 · 해고 등이 가능하도록 정하고 있다면, 근로조건의 불이익 변경에 해당하므로 근로자의 과반수로 조직된 노동조합이 있는 경우에는 그 노동조합, 노동조합이 없는 경우에는 근로자 과반수의 동의를 받아야 한다.

이러한 평가제도가 취업규칙에 명시되어 있지 않더라도 명칭에 관계없이 불이익 변경절차를 거쳐야 한다. 근로자 과반수 동의는

직원 설명회 등 집단적인 회의방식을 통해 이루어져야 하며, 사업의 특성상 일시에 모이기 어렵다면 사용자의 개입·간섭이 배제된 상태에서 부서별 근로자 상호 간 의견교환 기회를 부여하고 그 찬반 의견을 전체적으로 취합하는 방식을 활용하는 것도 가능하다.

2 연내 마무리해야 하는 업무 확인 [노무]

올해가 지나기 이전에 노동관계법령상 연중에 반드시 실시해야 하는 법정의무교육, 건강검진, 퇴직연금 불입액 납입 등을 점검해 볼 필요가 있다. 미실시 시 과태료까지 부과될 수 있으므로 회사가 놓친 부분은 없는지 살펴보고, 놓친 부분이 있다면 12월 내로 마무리할 수 있도록 해야 한다.

1. 법정의무교육

회사에서 반드시 실시해야 하는 법정 교육에는 ①「남녀고용평등과 일·가정 양립 지원에 관한 법률」 제13조에 따른 직장 내 성희롱 예방 교육, ②「산업안전보건법」 제29조에 따른 안전·보건교육, ③「개인정보 보호법」 제28조에 따른 개인정보 보호 교육, ④「장애인고용촉진 및 직업재활법」 제5조의2에 따른 장애인 인식개선교육, ⑤「근로자퇴직급여 보장법」 제33조에 따른 퇴직연금제도에 관한 교육이 있으며, 비록 법에서 의무로 규정하고 있지는 않지만 사실상 법정 의무교육으로 인식되고 있는 ⑥ 직장 내 괴롭힘 예방교육이 있다.

위 법정의무교육 중 교육대상에 해당하는 교육을 확인하여

2024년 12월 31일까지 법정의무교육 이수하고 관련 교육일지를 보관해야 한다.

참고 법정의무교육 주요내용

구분	교육대상	교육횟수	교육방법	위반 시 벌칙
직장내 성희롱 예방교육	상시 근로자 1명 이상	연 1회 이상	자체교육 위탁교육 가능 (단, 문서 및 교재 회람 방식은 불가)	500만원 이하 과태료
산업안전 보건교육	업종, 상시근로자 수에 따라 적용	정기교육 매분기 3시간 이상	자체교육 위탁교육 가능	500만원 이하 과태료
개인정보 보호교육	개인정보 처리자	연 1회	자체교육 위탁교육 가능	위반시 벌칙 없음 (다만, 개인정보 유출 사고 발생시 안전조치 소홀로 책임 문제 소지 있음)
장애인 인식개선 교육	상시 근로자 1명 이상	연 1회 1시간 이상	자체교육 위탁교육 가능	300만원 이하 과태료
퇴직연금 교육	퇴직연금제도를 설정한 사업장	연 1회 이상	자체교육 퇴직연금사업자에게 위탁교육 가능 (문서 및 교재 회람 방식 가능)	1천만원 이하 과태료
직장내 괴롭힘 교육	취업규칙에 따름	취업규칙에서 정하는 교육 횟수	자체교육 위탁교육 가능	위반 시 벌칙 없음

(1) 직장 내 성희롱 예방교육

1) 법적 기준

남녀고용평등법 제13조에 따라 사업주를 포함한 전체 근로자에 대해 1년에 1회 이상 직장 내 성희롱 예방교육을 실시해야 한다. 직장 내 성희롱 예방교육 내용에 직장 내 성희롱에 관한 법령, 해당 사업장의 직장 내 성희롱 발생 시의 처리 절차와 조치 기준, 해당 사업장의 직장 내 성희롱 피해 근로자의 고충상담 및 구제 절차 등을 포함해야 한다.

2) 노무관리 유의사항

가. 10인 미만의 소규모 사업장에서도 직장 내 성희롱 예방 교육을 실시해야 하는지 여부

남녀고용평등법은 근로자를 사용하는 모든 사업장에 적용된다. 따라서 근로자를 1명이라도 고용했다면 직장 내 성희롱 예방 교육을 실시하고 사업주도 교육대상에 포함된다. 단, 상시 10명 미만의 근로자를 사용하는 사업장과 사업주 및 근로자 모두가 어느 한 성으로 구성된 사업장은 근로자가 알 수 있도록 교육자료를 게시하거나 배포하는 방법으로 교육을 실시할 수 있다.

나. 온라인으로 직장 내 성희롱 예방 교육을 실시할 수 있는지 여부

남녀고용평등법 시행령 제3조 제3항은 직장 내 성희롱 예방교육을 온라인으로 실시할 수 있다고 규정하고 있다. 다만 교육 내용이 근로자에게 제대로 전달되었는지 확인 할 수 있는 경우에만 예방교육을 실시한 것으로 인정하고 있다.

온라인으로 교육을 실시할 때 교육 내용이 근로자에게 제대로 전달되었는지 확인 할 수 있도록 (1) 매년 1회 이상 전 직원에게 직장 내 성희롱 예방교육 실시를 공지하여 교육이수 시기를 지정, 이수를 의무화하고, (2) 전산망에 게재되는 예방교육의 내용에 남녀고용평등법 시행령 제3조에서 규정한 내용을 포함해야 하며, (3) 전산망 프로그램에서 근로자의 교육이수 여부가 개인별로 체크되어 전체 이수현황이 나타나야 한다.

다. 직장 내 성희롱 예방교육 자료 게시의무

남녀고용평등법 제13조 제3항은 성희롱 예방 교육의 내용을 근로자가 자유롭게 열람할 수 있는 장소에 항상 게시하거나 갖추어 두어 근로자에게 널리 알려야 한다고 정하고 있다. 이를 위반 시 500만 원 이하의 과태료가 부과될 수 있고, 근로감독 시 자료 게시 여부를 점검하므로 사내 게시판이나 내부 인트라넷에 게시하여야 한다.

(2) 산업안전보건교육

1) 법적 기준

산업안전보건법 제31조에 따라 상시근로자 5인 이상 사업주는 근로자에 대하여 정기적으로 안전・보건 교육을 실시해야 한다. 단, 5인 이상 사업장 이라 하더라도 사업의 종류, 규모(근로자 수)에 따라 유해・위험 정도가 다른 점을 고려하여 적용이 제외될 수 있다.

2) 노무관리 유의사항

가. 산업안전보건교육은 업종, 규모에 관계없이 실시해야 하는지 여부

산업안전보건법은 모든 사업장에 적용되는 것이 원칙이고, 예외적으로 사업의 종류, 사업장의 규모(근로자 수)에 따라 유해・위험 정도가 다른 점을 고려하여 법의 일부를 적용하지 아니하는 사업을 구분하고 있다.

산업안전보건법 시행령 별표 1에 의거 산업안전보건교육을 실시할 의무가 없는 사업의 예는 다음과 같다.

참고 안전보건교육을 실시할 의무가 없는 사업의 예

산업안전보건법 시행령 별표 1

① 근로자 수에 관계없이 안전보건교육 실시 의무 면제
- 소프트웨어 개발 및 공급업, 컴퓨터 프로그래밍, 시스템 통합 및 관리업, 금융 및 보험업, 사업지원 서비스업의 경우

② 상시 50명 미만을 고용할 경우 교육 실시 의무가 면제
- 소매업, 부동산업, 예술・스포츠 및 여가관련 사업의 경우

③ 업종에 관계없이 전체 근로자가 사무직 종사자일 경우
- 사업장이 분리된 경우로서 사무직에 종사하는 근로자만을 사용하는 사업장을 포함함

④ 상시 5명 미만을 사용하는 사업장

나. 산업안전보건교육 시간 및 교육 내용은 어떻게 되는지 여부

안전・보건교육을 실시할 의무가 있는 사업장에서 실시해야 하는 교육시간 및 교육 내용은 아래의 표와 같다.

참고 산업안전보건법 교육별 교육시간 및 내용

교육과정	교육대상	교육시간	교육 내용
정기교육	◦ 사무직 종사 근로자 ◦ 판매업무에 직접 종사하는 근로자	매반기 6시간 이상	산업안전 및 사고 예방에 관한 사항, 산업보건 및 직업병 예방에 관한 사항, 건강증진 및 질병 예방에 관한 사항
	◦ 판매업무에 직접 종사하는 근로자 외의 근로자	매반기 12시간 이상	

11월 노무・세무

<table>
<tr><td rowspan="3">채용 시 교육</td><td>◦ 일용근로자(1주일 이하 계약직 포함)</td><td>1시간 이상</td><td rowspan="5">기계·기구의 위험성과 작업의 순서 및 동선에 관한 사항, 작업 개시 전 점검에 관한 사항, 정리정돈 및 청소에 관한 사항 등</td></tr>
<tr><td>◦ 근로계약 기간이 1주일 초과 1개월 이하인 기간제 근로자</td><td>4시간 이상</td></tr>
<tr><td>◦ 그 외 근로자</td><td>8시간 이상</td></tr>
<tr><td rowspan="2">작업내용 변경 시 교육</td><td>◦ 일용근로자(1주일 이하 계약직 포함)</td><td>1시간 이상</td></tr>
<tr><td>◦ 그 외 근로자</td><td>2시간 이상</td></tr>
<tr><td rowspan="3">특별교육</td><td>◦ 일용근로자 및 근로계약 기간이 1주일 이하인 기간제 근로자(타워크레인 신호작업 일용근로자 제외)</td><td>2시간 이상</td><td rowspan="3">작업별 위험요인과 안전작업 방법 등을 초점으로 교육</td></tr>
<tr><td>◦ 타워크레인 신호작업에 종사하는 일용근로자 및 근로계약 기간이 1주일 이하인 기간제 근로자</td><td>8시간 이상</td></tr>
<tr><td>◦ 일용근로자 및 근로계약 기간이 1주일 이하인 기간제 근로자를 제외한 근로자</td><td>16시간 이상</td></tr>
<tr><td>건설업 기초 안전·보건교육</td><td>◦ 건설 일용근로자</td><td>4시간 이상</td><td></td></tr>
</table>

다. 산업안전보건교육은 반드시 안전대행업체(또는 외부 기관)에 위탁하여 실시해야 하는지 여부

안전보건교육은 사업주가 자체적으로 실시하는 것이 원칙이고, 만약 직접 교육이 어려운 경우에는 고용노동부에 등록된 교육기관에 위탁하여 실시할 수 있다. 2016.10.28.부터 근로자안전보건교육 위탁기관 등록제가 시행되었으며, 등록된 기관 현황은 고용노동부 홈페이지(http://www.moel.go.kr 〉 정보공개 〉 사전정보공표목록 〉 근로자안전보건교육 위탁기관 등록 현황)를 통해 확인할 수 있다.

자체 교육을 할 수 있는 자는 안전보건관리책임자, 관리감독자, 안전관리자, 보건관리자, 안전보건관리담당자, 산업보건의, 공단에서 실시하는 해당 분야의 강사요원 교육과정을 이수한 사람 등이 해당된다.

(3) 퇴직연금교육

1) 법적 기준

근로자퇴직급여 보장법 제32조에 따라 사용자는 매년 1회 이상 퇴직연금 가입자에게 퇴직급여 종류에 관한 사항, 수급요건, 급여액 등 제도별 특징 및 차이점, 확정급여형(DB)의 경우 최근 3년간의 부담금 납입현황, 확정기여형(DC)의 경우 퇴직연금 부담금

수준 및 납입 현황 등을 교육해야 한다.

2) 노무관리 유의사항

가. 퇴직연금제도에 관한 교육을 실시하지 않을 경우 제재가 있는지 여부

매년 1회 이상 퇴직연금제도 관련 교육을 실시하지 않을 경우 1천만원 이하의 과태료가 부과될 수 있다.

나. 모든 직원들에게 강의형태로 실시해야 하는지 여부

퇴직연금제도 교육은 퇴직연금 가입자에 대해서만 실시하면 되고, 반드시 강의형태로 실시할 필요가 없다.

퇴직연금제도 일반에 관한 내용은 근로자들이 수시로 열람할 수 있도록 게시하는 방법, 서면 또는 전자우편 등을 통한 정기적인 교육자료의 발송, 직원연수 · 조회 · 회의 · 강의 등의 대면 교육, 정보통신망을 통한 온라인 교육, 해당 사업장 등에 상시 게시 중 택일하여 실시하면 된다.

(4) 개인정보보호교육

1) 법적 기준

개인정보 보호법 제28조는 개인정보처리자(사용자)는 개인정보의 적정한 취급을 보장하기 위하여 개인정보취급자에게 정기적으로 필요한 교육을 실시하도록 의무화하고 있다.

2) 노무관리 유의사항

가. 개인정보 보호 교육을 전 직원에게 실시해야 하는지 여부

개인정보 보호법 제28조는 개인정보취급자에게 정기적으로 필요한 교육을 실시하도록 의무화하고 있는바, 전체 직원이 아닌 개인정보취급자에게만 교육을 실시하면 된다.

여기서 "개인정보 취급자"란 개인정보처리자[40]의 지휘・감독을 받아 개인정보를 처리하는 임직원을 의미한다.

참고로 개인정보 보호 교육 미실시에 대한 과태료 등의 제재규정은 없으나 개인정보유출 등 관련 사고 발생 시 사업주 책임, 손해배상 등의 문제가 발생할 수 있으므로 교육을 실시하는 것이 타당하다.

---

40) 개인정보 보호법 제2조 제5호 개인정보처리자란 업무를 목적으로 개인정보파일을 운용하기 위하여 스스로 또는 다른 사람을 통하여 개인정보를 처리하는 법인, 단체 및 개인 등을 말한다.

나. 교육 실시 주체와 주기는 어떻게 되는지 여부

개인정보 보호 교육 역시 자체적으로 실시할 수 있다. 또한 교육 실시 주기에 대해서는 “정기적”으로 실시하도록 규정하고만 있을 뿐 구체적인 주기는 규정하고 있지 않다.

단, 개인정보의 안전성 확보조치 기준 고시에 따르면 개인정보처리자는 내부 관리계획 수립 시 개인정보취급자에 대한 교육에 관한 사항을 포함하도록 규정하고 있는바, 가급적 연간계획 수립 시 계속 근무자에게는 최소 연 1회 정기교육을 실시하고 담당자 변경 시점에 추가 교육을 실시할 수 있도록 개인정보 보호 교육을 포함하는 것이 타당하다.

(5) 장애인 인식개선 교육

1) 법적 기준

장애인고용촉진 및 직업재활법 제5조의2에 따라 장애인 인식개선 교육을 연 1회 이상 실시하여야 하며, 교육대상자는 사업주를 포함한 전체 근로자이다. 장애인 인식개선 교육에 장애의 정의 및 유형, 장애인의 인권, 장애인고용촉진 및 직업재활 관련제도 등의 내용이 포함되어야 한다.

2) 노무관리 유의사항

가. 장애인 인식개선 교육은 사업주 자체 교육이 가능한지 여부

장애인 인식개선 교육은 사업주가 자체적으로 교육이 가능하나, 2021년 1월 1일부터 300인 이상 사업장의 사업주가 자체 교육을 실시하는 경우에는 자격요건(한국장애인고용공단 교육과정 수료)을 갖춘 사내 강사가 교육해야 한다.

300인 이상 사업장의 경우 전문강사 자격증 소지한 사내 강사가 없다면, 외부 교육기관 위탁을 통하여 교육해야 한다.

나. 장애인 인식개선 교육의 강의형태는 제한이 없는지 여부

교육방법은 직원연수, 조회, 회의 등 집합교육, 인터넷 등 정보통신망을 이용한 원격교육, 사내 강사가 공단에 승인을 득한 강의계획을 통한 체험교육 형태로 가능하다. 다만, 상시근로자 50명 미만으로 장애인 고용의무가 없는 사업주는 교육자료 등을 배포・게시하거나 전자우편을 보낸 등의 방법으로 장애인 인식개선 교육을 실시할 수 있다.

(6) 직장 내 괴롭힘 예방교육

근로기준법 등 노동관계법령에서 직장 내 괴롭힘 예방 교육 실시의무를 부과하고 있지 않으며, 법정의무교육에 해당하지 않는다.

그러나 취업규칙 필수적 기재사항으로 직장 내 괴롭힘 예방을 위한 조치를 정하도록 하고 있으며, 예방 조치로서 가장 대표적인 것이 교육에 해당하여 법정의무교육처럼 취급되고 있다.

취업규칙상 예방조치로서 직장 내 괴롭힘 예방교육을 규정하고 있다면 가급적 교육을 진행하는 것이 타당하다. 직장 내 괴롭힘 예방교육 관련하여 노동관계법령상 교육 횟수, 교육 내용, 교육방법 등을 정하고 있지 않으므로 취업규칙에서 정하는 바에 따라 실시하면 된다.

(7) 법정의무교육 관련 노무 이슈

1) 출장, 휴가 등으로 교육에 불참한 근로자가 있는 경우

법정의무교육은 교육시점에 재직중인 근로자를 대상으로 하므로 출장, 휴가 등으로 교육에 불참한 근로자가 있는 경우 추가로 교육을 실시하여야 한다. 교육이 사실상 불가능한 경우 최대한 교육 제공 노력을 다했음을 입증할 수 있도록 온라인 교육, 교육자료 배포 및 선면교육 등의 방법을 제공하는 것이 바람직하다.

다만, 육아휴직 등 휴직자의 경우 교육실시 의무는 없으나, 휴직자가 회계연도 기준으로 1년 안에 복귀하는 경우에는 교육을 실시할 수 있도록 하여야 한다.

2) 법정의무교육 시간이 근로시간에 해당하는지 여부

사용자의 지시를 거부할 수 없는 교육시간 역시 사용자의 지휘·감독 아래 있는 시간으로 근로시간에 해당한다. 따라서 법정의무교육 시간 역시 근로시간에 해당하며, 소정근로시간 이외의 시간에 해당 교육을 이수하게 하였다면, 연장근로 등에 해당하여 가산수당을 지급해야 한다.

2. 건강검진

(1) 매 2년 또는 매 1년 마다 실시

산업안전보건법 제129조에 따라 사무직은 2년에 1회, 비사무직의 경우 1년에 1회 건강검진을 실시해야 한다. 또한 동법 시행규칙 제195조에 의거 사업주는 근로자의 건강진단이 원활히 실시될 수 있도록 적극 노력하여야 한다고 규정하고 있다.

건강검진 미실시의 경우 5년간 위반 횟수에 따라 근로자 1명당 1차 10만원, 2차 20만원, 3차 30만원의 과태료가 부과되며, 고의로 시행하지 않은 사업주에게는 1,000만원의 과태료가 부과된다.

(2) 노무관리 유의사항

1) 국민건강보험법에 따른 건강검진만 받아도 무방한지 여부

근로자가 받아야 하는 건강진단은 ① 국민건강보험법에 따른 건강검진과 ② 산업안전보건법에 따른 일반건강진단, 특수건강진단, 임시건강진단이 있다. 참고로 특수건강진단은 특정 유해인자에 노출되는 업무에 종사하는 근로자를 대상으로, 임시건강진단은 유해인자에 노출되는 근로자들에게 유사한 질병의 증상이 발생한 경우에 실시하는 진단을 말한다.

만약 국민건강보험법에 따른 건강검진을 실시했다면 산업안전보건법에 따른 일반 건강진단을 실시한 것으로 본다. 따라서 특수 및 임시건강진단 대상이 아니라면 국민건강보험법에 따른 건강검진만 받아도 무방하다.

또한 법에서 정한 항목을 포함하여 개인 건강검진을 받더라도 일반 건강진단을 실시한 것으로 인정하며, 대부분 개인 종합검진에는 법에서 정한 항목이 포함되므로 개인 종합검진을 받은 경우에도 일반 건강진단을 실시한 것으로 볼 수 있다.

2) 국민건강보험법에 따른 검진대상자 명단 확인방법

건강보험edi 가입 사업장의 경우 edi를 통해서 확인할 수 있고, 건강보험edi 미가입 사업장의 경우 공단에서 검진대상자 명단을 우편으로 일괄 송부하는데, 만일 받지 못한 경우에는 건강보험공단 관할 지사를 통해서 파일 등으로 제공받을 수 있다.

2024년도 사업장 건강검진의 기간은 2024년 12월 31일까지이므로, 아직 검진대상자 확인이 이뤄지지 않은 사업장에서는 검진대상자를 확인하여 검진을 받을 것을 안내하는 것이 바람직하다.

3) 검진 미실시한 경우 과태료 처분 관련

산업안전보건법에서는 사업주는 근로자에게 건강검진을 실시해야 하고, 근로자 역시 건강진단을 받을 의무를 부과하고 있으며, 사업주가 근로자 건강진단을 하지 않은 경우와 근로자가 건강진단을 받지 않은 경우 모두 과태료를 부과한다는 규정을 두고 있다.

사업주가 근로자들에게 건강검진 대상자임을 통보하고 독려할 경우 과태료 부과가 면제될 수 있는 바, 적극적인 노력이 필요하다.

4) 건강검진 시간을 유급으로 부여하여야 하는지 여부

산업안전보건법에서 건강진단 시간을 유급으로 부여해야 한다는 명시적 규정은 없다. 따라서 취업규칙 등에 건강검진 시간에 대해 유급으로 규정하지 않는 한, 무급으로 부여하여도 법 위반으로 볼 수는 없다.

그러나 건강진단이 사업주의 의무사항인 점을 고려할 때, 유급으로 부여하고 있는 경우가 대부분이며, 고용노동부 역시 산업안전보건법에 따른 일반 건강진단을 대신하여 국민건강보험법상 건강검진을 하는 경우라면 건강검진에 소요되는 시간은 유급으로 인정해야 한다는 입장이다.

산업안전보건법 시행규칙 195조에 따라 사업주는 근로자의 건강진단이 원활히 실시될 수 있도록 적극 협조해야 하므로, 가급적이면 근로시간 중에 건강검진에 소요되는 시간을 유급으로 부여하는 것이 타당하다고 판단된다.

5) 사무직과 비사무직의 구분

산업안전보건법은 사무직과 비사무직에 따라 건강검진 주기를 달리 정하고 있다.

"사무직 근로자"는 사무실 등에서 주된 업무가 주로 정신적인 근로를 하는 자이며, 그 외 현장에 종사하는 근로자 및 사무실에서 단순 반복업무를 하면서 교대하지 않는 한 자리를 비울 수 없는 등 업무 중에 자유롭게 움직이기 곤란한 업무 등을 하는 근로자는 "비사무직 근로자"로 분류한다. 사무직과 비사무직 구분 예시는 다음과 같다.

참고 사무직과 비사무직 구분(예시)

사무직	그 밖의 근로자(기타직)
◦ 사무실에서 서무·인사·경리·판매·설계 등 사무업무 종사자 ◦ 임원, 관리자(관리팀장, 인사팀장등)	◦ 공장 또는 공사현장과 같은 구역에 있는 사무실 종사자 ◦ 제조·건설작업 종사자, 단순노무 종사자 ◦ 장치, 기계조작 및 조립 종사자 ◦ 현장을 수시 출입하는 생산팀장, 공무팀장 등의 현장 관리자 ◦ 안전관리자, 방화관리자 등
◦ 총무, 서무, 인사, 기획, 노무, 홍보, 경리, 회계, 판매, 설계, 영업 등 사무업무 종사자 - 고객 서비스 사무 종사자 - 방문·전화·인터넷 민원 일반 상담업무 종사자, 호텔·음식점 접수원 등 - 병원 행정, 원무, 보험 사무원 - 일반 사무 보조원, 비서 등	◦ 영업 등 직접 종사자 - 직접 판매에 종사하는 자 - 방문 주문 및 수금업무 등을 주업무로 하는 영업직 근로자 - 114 안내업무, 전화고장 접수 등 TM 전담상담원 - 항공기승무원, 선원, 자동차 운전원 - 이·미용사, 조리사 - 의사, 간호사, 약사, 의료기사 등
◦ 내근기자	◦ 외근기자
◦ 교육기관 종사자 중 - 학원강사, 유치원교사, 보조교사, 일반교사 등	◦ 교육기관 종사자 중 - 기능강사, 실습강사, 이공계 학교 습교사, 어린이집 보육교사
◦ 문화예술, 방송, 공연관련 종사자 중 - 방송작가, 아나운서, 디자이너	◦ 문화예술, 방송, 공연관련 종사자 중 - 프로듀서, 연기자, 안무가 - 촬영, 녹음 등 방송관련 기사
◦ 금융, 증권, 보험업 종사자 - 은행원, 증권중개인, 손해사정인 등	◦ 보험업 종사자 중 - 보험모집인 등 현장 종사자
◦ 건축설계사, 제도사	

∘ 건물관리업 중 - 소장, 경리 등 일반 행정업무 종사자	∘ 건물관리업 중 - 경비, 청소, 시설관리 등 현장업무 종사자

3. 퇴직연금 운영 시 부담금 납부

(1) 확정기여형(DC형) 퇴직연금 제도

사용자는 매년 연간 임금총액의 12분의 1이상에 해당하는 부담금을 현금으로 가입자의 확정기여형 퇴직연금제도 계정에 납입해야 한다.

퇴직연금 규약에 따라 정하여진 기일까지 부담금을 납입하지 않을 경우 ① 그 다음 날을 기산일로 하여 퇴직 등 급여를 지급할 사유가 발생한 날부터 14일까지는 지연이자 연 10%, ② 퇴직급여 지급 사유 발생일로부터 14일의 다음 날부터 부담금 납입일까지는 지연이자 연 20%를 부담하여야 한다.

지연이자 등이 발생하지 않도록 2024년 12월 31일 전까지 2024년 연간 임금총액의 12분의 1에 해당하는 금액을 납입했는지 확인해볼 필요가 있다.

(2) 확정급여형(DB형) 퇴직연금 제도

사용자가 매년 납입해야 하는 최소적립금은 기준책임준비금에 60% 이상으로서 근로자퇴직급여 보장법 시행령으로 정하는 최소적립비율을 곱하여 산출한 금액을 말한다. 최소 적립비율은 단계적 상향 적용되어 왔으며, 2024년 적용 최소 적립비율은 100%이다.

여기서 기준 책임준비금이란 매 사업연도말 고용노동부령으로 정하는 방법으로 산정한 금액으로서, ① '예상 퇴직급여액의 현재가치 – 부담금 수입 예상액의 현재가치'와 ② 연도 말까지의 퇴직급여 예상액 중 더 큰 금액을 의미한다. 기준 책임금준비금의 산출은 DB형 제도를 취급하는 퇴직연금사업자(금융사)가 퇴직연금 DB형 제도의 가입 인원, 급여 수준, 근속기간 등을 활용해서 산출한다.

2024년 최소적립금은 '기준 책임준비금×100%'이며, 2024년 12월 31일까지 최소적림금 수준을 납입해야 한다. 만약 최소적립금 대비 부족분 비율의 1/3 이상을 직전 사업연도 종료 후 1년 이내에 해소하지 않을 시 최대 1천만원 이하의 과태료가 부과될 수 있으므로 유의하여야 한다.

11월 노무·세무

3 세무관리 주요 업무

1. 2024년 귀속 종합소득세 중간예납 납부, 추계액 신고납부(30일)

(1) 주요내용

종합소득이 있는 거주자는 중간예납기간[41]에 대하여 전년도의 종합소득에 대한 소득세로서 납부하였거나 납부하여야 할 세액의 1/2에 상당하는 금액을 납부하여야 할 세액으로 11월 1일부터 11월 15일까지의 기간에 고지를 받아 11월 30일까지 납부하여야 한다.

(2) 중간예납 납부대상자

원칙적으로 종합소득이 있는 거주자는 중간예납 대상자이나, 다음의 어느 하나에 해당하는 거주자는 납부대상에서 제외된다.

구분	내용
신규사업자	◦ 2023.1.1. 현재 비사업자로서 2023년 중에 신규로 사업을 개시한 자
휴・폐업자	◦ 단일소득 사업자로서 중간예납기간 종료일(2024.6.30) 이전 휴・폐업자[42] ◦ 중간예납기간 종료일 이후에 폐업한 자 중 수시자납 또는 수시부과 받은 자

41) 법인과 달리 모든 거주자는 과세기간을 역년 단위로 하기 때문에, 중간예납기간은 1월 1일부터 6월 30일까지로 동일하다.

다음의 소득만 있는 사람	◦ 이자 · 배당 · 근로 · 연금 또는 기타소득만 있는 자 ◦ 사업소득 중 속기 · 타자 등 한국표준산업분류에 따른 사무 지원 서비스업 소득만 있는 자 ◦ 사업소득 중 분리과세 주택임대 소득만 있는 자 ◦ 저술가,화가,배우,가수,영화감독,연출가,촬영사 등 자영 예술가와 직업선수 · 코치 · 심판 등 직업 운동가 ◦ 보험모집인, 납세조합가입자, 주택조합원 등
납세조합 가입자	◦ 납세조합이 중간예납기간 중에 해당 조합원의 소득세를 매월 원천징수하여 납부한 경우
소액부징수	◦ 중간예납세액이 50만원 미만인 자

(3) 중간예납세액의 계산

중간예납세액은 다음에 따라 계산된 중간예납기준액의 2분의 1에 해당하는 금액으로 한다.

> 중간예납기준액
> ={직전 과세기간의 중간예납세액+직전 과세기간의 확정신고납부세액+결정 · 경정한 추가납부세액(가산세 포함)}−직전 과세기간의 「소득세법」 제85조의3항에 따른 환급세액

다만, 중간예납기간의 종합소득금액에 대한 소득세액이 중간예납기준액의 100분의 30에 미달하는 경우에는 11월 1일부터 11월 30일까지의 기간에 다음에 따라 계산한 중간예납추계액을 중간예

11월 노무·세무

42) 2 이상의 사업장이 있는 사업자는 그 중 1개의 사업장만 휴업 · 폐업하는 경우에는 해당되지 않음을 유의해야 한다.

산세액으로 하여 신고할 수 있으며, 중간예납기준액에 없는 거주자 중 복식부기의무자가 중간예납기간 중에 사업소득이 있는 경우에는 다음의 중간예납추계액을 중간예납세액으로 하여 신고해야 함을 유념하기 바란다.

참고 중간예납추계액

① **종합소득과세표준**
=(중간예납기간의 종합소득금액×2)−이월결손금−종합소득공제

② **종합소득산출세액**
=종합소득과세표준(①)×기본세율(6%~45%)

③ **중간예납추계액**
=(종합소득산출세액(②)÷2)−(2024.6.30.까지의 공제・감면세액, 수시부과세액 및 원천징수세액)

(4) 세무관리 유의사항

납부할 중간예납세액이 1천만원을 초과하는 경우 분할납부[43]가 가능하며, 중간예납기준액의 2분의 1을 중간예납세액으로 하여 고지를 받은 경우에는 분할납부 대상세액만 납부하면 나머지 납부세액은 다음연도 1월 1일부터 1월 15일까지의 기간에 자동으로 고지가 되므로 별도의 신청은 필요 없음을 유의한다.

---

43) • 납부할 세액이 2천만원 이하인 경우 : 1천만원을 초과하는 금액
• 납부할 세액이 2천만원 초과인 경우 : 그 세액의 50% 이하의 금액

12월 노무 / 세무 주요 업무

- 연말 취업규칙 개정 시 유의사항 **[노무]**
- 인사이동 시 유의사항 **[노무]**
- 잔여 연차유급휴가 처리방안에 대한 의사결정 방법 **[노무]**

- 종합부동산세 정기고지 및 신고납부 **[세무]**
- 원천세 반기별 납부 신청기한 **[세무]**

1 연말 취업규칙 개정 시 유의사항 [노무]

새로운 한 해의 시작을 앞두고 기업은 새로운 제도를 도입하거나, 기존에 운영되던 근로조건 등의 변경 계획을 세우기도 한다. 이때 새롭게 적용할 직장규율, 근로조건 등을 규범화 하거나, 취업규칙 등에 규정된 근로조건을 변경하기 위해서는 취업규칙을 개정해야 한다. 특히, 취업규칙을 불이익하게 변경하는 경우 법에서 정한 요건을 갖추지 못한다면 그 효력이 인정될 수 없는 바, 이하에서는 적법한 취업규칙 개정을 위해 유의해야 하는 사항에 대해 알아보고자 한다.

1. 취업규칙 : 전체 근로자의 복무규율, 근로조건 등을 정한 규칙

취업규칙은 사용자가 소속 근로자 전체에 통일적으로 적용할 근로자의 복무규율, 근로조건에 관한 준칙을 규정한 것으로 그 명칭을 불문한다. 실무적으로는 취업규칙이 아닌 인사규정, 복무규정, 사규 등의 다양한 명칭으로 운영하는 경우도 많은데, 그 명칭과 관계없이 근로자의 근로조건을 정한 규율이라면 모두 취업규칙으로 보아야 한다.

또한, 공식적인 문서에 해당하지 않더라도 전체 근로자에게 적용할 근로조건 등을 정하고 있다면 사내 공지사항, 노션 알림, 가이드 북 등도 취업규칙에 해당한다. 따라서, 이러한 문서를 변경할 때에도 근로기준법 제94조에 따라 취업규칙 변경 절차를 거쳐야 한다.

2. 근로기준법 제94조에 따른 취업규칙 개정 절차

근로기준법 제94조에 따라 취업규칙을 변경하고자 하는 사업장은 근로자 과반수로 조직된 노동조합이 있는 경우에는 그 노동조합, 근로자의 과반수로 조직된 노동조합이 없는 경우에는 근로자 과반수의 의견을 들어야 한다. 단, 개정되는 내용이 근로자에게 불리하게 변경되는 경우에는 그 동의를 얻어야 한다.

또한, 근로기준법 제93조에 따라 취업규칙을 변경할 때에는 그 변경되는 내용을 고용노동부장관에게 신고하여야 한다.

(1) 의견청취 또는 동의의 주체

1) 근로자 과반수로 조직된 노동조합이 있는 경우

취업규칙 개정 시 의견청취 또는 동의의 주체가 되는 근로자 과반수로 조직된 노동조합은 근로기준법상 근로자에 해당하는 자 중에서 근로기준법상 사용자에 해당하는 자를 제외한 수의 과반으로 조직되었는지 여부를 기준으로 판단한다.[44)]

2) 근로자 과반수로 조직된 노동조합이 없는 경우

사업장 내에 근로자 과반수로 조직된 노동조합이 없다면 변경되는 근로조건 또는 취업규칙의 적용을 받는 근로자 과반의 의견청취 또는 동의를 얻어야 한다.

변경되는 내용이 근로자에게 불이익할 때에 변경 시점에는 어느 근로자 집단만이 직접적인 불이익을 받더라도 장래 다른 근로자 집단에게도 변경된 취업규칙의 적용이 예상되는 경우에는 이들을 모두 포함한 근로자 집단이 동의의 주체가 된다.

단, 근로조건이 이원화되어 있어 변경되는 취업규칙으로 인해 직접적으로 불이익을 받는 근로자 집단 외에 해당 취업규칙의 적용이 예상되는 근로자집단이 없다면 직접적으로 불이익을 받는 근로자집단 만을 동의의 주체로 볼 수 있다.[45]

(2) 의견청취 또는 동의 방법

근로자 과반수의 의견을 청취하거나 동의를 얻는 때에는 근로자의 집단적 의사결정방법에 의해야 하는 것이 원칙이다.

그러나, 근로자 과반수의 의견청취는 근로자들이 취업규칙의 내용을 인지하고 자유롭게 의견을 개진할 수 있는 방법이라면 이

44) 노동부 행정해석 근기 68207-4269, 200112.08 참조

45) 대법원 2009.5.28. 선고 2009두2238 판결 참조

외에도 취업규칙 회람이나 사내전산망 등을 통한 의견청취 등 다양한 방법을 활용할 수 있다.[46] 단, 근로자 본인의 의사에 기초하여 근로자 과반수의 의사가 자유롭게 개진되고 수렴되었다는 점이 객관적으로 입증될 수 있도록 근거자료를 충분히 준비할 필요가 있다.

개정 반영되는 내용이 근로자에게 불이익함에 따라 근로자 과반수의 동의를 얻는 경우, 전체 근로자가 한 장소에 모이기 어렵다면 사업(장)의 기구별 또는 단위 부서별로 근로자간 의견을 교환하여 찬반을 집약한 후, 이를 전체적으로 취합하는 회의방식에 의하는 것도 가능하다. 이때, 사용자는 단순히 개정 반영될 취업규칙의 내용을 설명하거나 홍보하는 것을 넘어서는 정도의 부당한 개입이나 간섭을 하여서는 안된다.[47]

3. 개정 취업규칙의 유 · 불리 여부 판단 기준

취업규칙의 불이익 변경이란 취업규칙의 개정이나 새로운 규정을 신설하여 근로조건이나 복무규율에 관한 근로자의 권리나 이익을 박탈하고 저하된 근로조건 또는 강화된 복무규정을 일방적으로 부과하는 것을 의미한다. 여기서 근로조건이나 복무규율에 관한 근로자의 권리나 이익이란, 종전 취업규칙에 의해 보호되는 직접적이

46) 노동부 행정해석 근기 68207-1213, 2003.9.25. 참조

47) 대법원 2004.5.14. 선고 2002다23185, 23192 판결 참조

고 구체적인 이익을 가리킨다.[48)]

(1) 근로조건을 신설하는 경우

새로 신설되는 규정으로 인해 기존 근로자의 근로조건이 저하되거나 강화된 복무규정을 적용받게 된다면 불이익한 변경으로 볼 수 있다. 단, 연수, 평가시험 등과 같이 노무관리 운용이나 사무처리에 필요한 사항에 관한 것이거나, 정년을 60세로 하는 것처럼 새로운 제도가 사회통념상 합리적인 수준에 그치는 경우에는 불이익한 변경으로 볼 수 없다.

또한, 이미 규정된 제도의 세부 사항을 신설하는 등 제도의 본질을 유지하면서 그 내용을 구체화 하는 것도 근로자에게 불이익한 변경으로 볼 수 없다.

(2) 일부 근로자에게는 유리하지만 일부 근로자에게는 불리하게 변경된 경우

취업규칙의 내용이 일부 근로자에게 유리하고 일부 근로자에게 불리하여 근로자 상호간의 유・불리에 따른 이익이 충돌되는 경우에는 근로자에게 불이익한 것으로 취급하여 근로자들 전체의 의사

48) 대법원 2022.4.14.선고 2021다280781 판결 참조

에 따라 결정하게 하여야 한다.[49)]

(3) 일부 조건은 불리하게 변경되었으나 일부 조건은 유리하게 변경된 경우

개정되는 취업규칙 내용이 근로자에게 불이익한지 여부를 판단할 때에는 근로조건을 결정짓는 여러 요소 중 한 요소가 불이익하게 변경되더라도 그와 대가관계나 연계성 있는 다른 요소가 불리하게 변경되는 경우라면 그러한 사정을 종합적으로 고려하여야 한다.

예컨대 수당의 지급률이 낮아져 그 자체로는 불리해졌더라도 기초임금이 인상되었다면 불이익한 것으로 단정할 수 없다.[50)] 실무적으로는 취업규칙 개정 시에는 불리한 내용과 유리한 내용이 함께 반영되는 경우가 많아 개정되는 내용의 유·불리를 판단하기는 쉽지 않다. 개정 반영하고자 하는 취업규칙의 내용의 유·불리를 판단하기 어려운 경우라면, 추후 발생 가능한 불필요한 분쟁을 예방하기 위해 근로자 과반수의 동의 절차를 거치는 것이 바람직하다.

49) 대법원 1993.5.14. 선고 93다1893 판결 참조

50) 대법원 2004.1.27. 선고 2001다42301 판결 참조

4. 요건을 갖추지 못한 취업규칙의 효력

(1) 의견청취 요건

개정되는 취업규칙의 내용이 근로자에게 불리하지 않아 근로자 과반수의 의견을 청취하는 경우, 사용자는 근로자의 의견에 구속되지 않는다. 따라서 개정되는 내용에 반대하는 근로자의 수가 더 많더라도 적법하게 의견청취 절차를 거친 것으로 인정될 수 있고 개정된 취업규칙의 내용도 유효하다고 인정된다.

(2) 집단적 의사결정방법에 따른 동의 요건

취업규칙을 불이익하게 변경하면서 근로자 과반수의 동의를 얻지 못한 경우에는 유리하게 변경된 내용까지 포함하여 모두 효력이 없고, 종전의 취업규칙의 효력이 그대로 유지된다. 단. 대법원의 입장에 따르면 개정 후에 신규 입사한 근로자는 개정된 취업규칙에 따른 근로조건을 수용하고 근로관계를 갖게 된 것으로 보아 개정된 취업규칙이 적용된다.[51)]

취업규칙 불이익 변경 절차와 관련하여 과거 대법원은 사용자가 취업규칙을 근로자에게 불리하게 변경하더라도 그 필요성과 내용의 양면에서 볼 때 법적 규범성을 시인할 수 있을 정도로 사회통

---

51) 대법원 1992.12.22.선고 91다45165 판결 참조

12월 노무·세무

념상 합리성이 인정되면 근로자 과반의 동의가 없더라도 그 적용이 가능하다는 입장을 보이기도 했다.[52)]

그러나 2023년, 대법원은 ▲근로자가 갖는 집단적 동의권이 취업규칙 내용의 타당성이나 합리성으로 대체될 수 없는 점 ▲집단적 동의는 단순한 절차 이상의 중요성을 갖는 유효요건인 점 등을 근거로 기존의 입장을 뒤집었다.[53)] 이에 따르면 노동조합 또는 근로자 집단이 집단적 동의권을 남용하였다고 볼 만한 특별한 사정이 없는 한 사회통념상 합리성이 있음을 이유로 근로자의 집단적 동의를 얻지 못한 취업규칙의 효력이 인정될 수는 없다.

(3) 신고 요건

개정되는 취업규칙의 신고의무를 정한 규정은 취업규칙에 대한 감독 행정상 필요에 의한 것으로서 효력요건이 아닌 것으로 해석된다. 따라서, 개정 반영되는 취업규칙의 내용이 근로자의 집단적의사결정방식에 의한 의견청취 또는 동의절차를 거치지 않았거나, 단체협약에 위반되는 경우 등에 해당하지 않는다면 신고절차를 이행하지 않았더라도 취업규칙으로서의 효력은 유효하게 인정된다.[54)]

---

52) 대법원 2004.5.14.선고 2002다23185, 23192 판결 참조

53) 대법원 2023.5.11. 선고 2017다35588 · 35595 판결 참조

54) 노동부 행정해석 근기 01254-8855, 1991.6.21. 참조

2 인사이동 시 유의사항 [노무]

인사고과 시즌인 연말, 기업은 올해의 사업 성과를 토대로 내년도 사업 계획을 수립할 준비가 한창이다. 이 과정에서 기업은 계획된 내년도의 사업을 보다 효율적으로 운영하고자 적재적소에 인원을 배치하기 위한 대대적인 인사이동을 고려하게 된다.

인사이동은 사용자가 행사하는 인사권의 한 유형으로, 사용자의 업무상 지시에 따라 근로자가 제공해야 할 근로의 종류와 내용 또는 근무 장소 등에 변경을 가져오는 조치를 말한다. 인사권자인 사용자는 인사이동 결정에 상당한 재량을 갖지만, 이 경우에도 정당성이 인정되는 경우에만 그 효력이 인정될 수 있다. 아래에서는 적법한 인사이동을 위한 유형별 유의사항에 대해 살펴보고자 한다.

1. 동일 기업 내에서 근무 장소, 근무 내용 등이 변경되는 배치전환

(1) 기본 원리

동일 기업 내에서 발생하는 인사이동은 근무지가 변경되는 전근, 업무의 내용이 변경되는 전보, 전직으로 구분될 수 있다. 이러한 전근, 전보, 전직 등의 배지전환 명령은 인사권자인 사용자의 권한에 속하는 것으로, 업무상 필요한 범위 내에서 상당한 재량이 인정된다.

따라서, 사용자는 근로자의 동의를 얻지 않더라도 유효한 배치전환 명령이 가능하지만, 근로계약 시 정한 근로조건에 따라 근로자의 동의가 필요한 경우가 있을 수 있다. 근로계약 체결 시 근로자의 업무 내용이나 근무 장소를 특정하였다면 사용자가 해당 근로자의 업무 내용이나 근무 장소를 변경하기 위해서는 반드시 근로자의 동의가 수반되어야 한다.[55]

그러나, 근로자의 업무 내용이나 근무 장소를 정한 규정에 그 변경 가능성을 예정하는 단서 조항을 규정하는 등으로 특정하지 않은 경우라면 사용자는 재량에 따라 업무상 필요한 범위 내에서 인사명령을 할 수 있다.

(2) 정당성 판단 기준

사용자의 배치전환 명령이 근로기준법 등 법령에 위반되거나, 권리남용에 해당하는 등의 경우에는 그 효력이 인정될 수 없다. 이러한 배치전환 명령이 권리남용에 해당하여 무효인지 여부는 ▲업무상 필요성과 ▲인사명령으로 인한 근로자의 생활상 불이익을 비교・교량하고, ▲근로자와의 협의 등 신의칙상 요구되는 절차를 거쳤는지 등을 종합적으로 고려하여 판단해야 한다.[56]

55) 대법원 2009.4.23.선고 2007두20157 판결 참조

1) 업무상 필요성

인사명령의 업무상 필요성이란, ① 기존 인원을 다른 업무 또는 다른 장소로 배정하는 등 인원의 배치를 변경할 필요성이 인정되고, ② 그 변경에 어떠한 근로자를 포함하는 것이 적절할 것인가를 의미하는 인원 선택의 합리성이 인정되는 경우를 의미한다.

구체적으로 업무상 필요성을 인정한 사례를 살펴보면, 법원은 ▲조직경쟁력을 강화하고 연공서열 중심의 고연령, 고비용 인력 구조 개선을 위한 인사발령이나[57] ▲핵심업무에의 경영자원 집중, 비용 절감 등 경영 효율성 제고 및 경영 합리화 도모를 위한 인사발령[58]은 인원 배치의 필요성이 있다고 인정했다.

또한, ▲내부적으로 운영하는 관리기준에 따라 경영관리능력이 미흡한 직원을 후선배치하거나[59] ▲실적이 부진한 부서의 영업 활성화를 위해 풍부한 경험을 가진 근로자를 전보발령한 것[60]은 인원 선택의 합리성이 인정된다고 판단했다.

사례에서 보듯 업무상 필요성이 인정되는 경우인지는 획일적,

---

56) 대법원 1997.7.22.선고 97다18165 · 18172 판결 참조

57) 대법원 2009.4.23.선고 2007두20157 판결 참조

58) 대법원 2009.3.26. 선고 2007다54498, 54504 판결 참조

59) 대법원 2023.7.13.선고 2020다253744 판결 참조

60) 대법원 1997.7.22.선고 97다18165, 18172 판결 참조

일률적인 기준을 두고 판단할 수 없고 인사발령이 단행된 전후 사정을 종합적으로 고려하여야 한다. 예컨대, 연말 사업 성적이 부진한 사업부를 통・폐합함에 따라 기존 부서의 인원의 보직이 없어져 해당 인원을 타 부서로 이동하는 경우라면 그 업무상 필요성이 인정될 여지가 높다.[61)]

2) 인사발령으로 인해 근로자에게 발생한 생활상의 불이익 비교・교량

업무상 필요성이 인정되더라도 그로 인해 근로자에게 발생한 생활상의 불이익이 더 크다면, 인사명령의 정당성이 인정될 수 없다. 여기서 생활상의 불이익이란, 경제적 이익에 한정되지 않고 정신적, 육체적, 사회적 불이익뿐만 아니라 조합 활동상의 불이익까지도 포함하는 개념으로 보아야 한다.[62)]

실무적으로 인사명령으로 인해 발생할 수 있는 생활상의 불이익에는 근무내용이나 장소의 변경에 따라 ▲거주지와 근무지와의 거리가 기존보다 멀어지는 경우, ▲보직 해제 등으로 인해 임금이 적어지거나 직급이 강등되는 경우 등의 사정이 해당될 수 있다.

다만, 생활상의 불이익으로 인해 무조건 인사명령의 정당성이

61) 중앙노동위원회 2004.11.23. 선고 2004부해513 참조

62) 서울고등법원 2010.11.4.선고 2010누12721 판결 참조

부정되는 것은 아니고 인사명령의 업무상 필요성과 근로자의 생활상의 불이익을 비교·교량하여 근로자의 생활상 불이익이 통상 감수할 수 없을 정도에 해당하여야 한다. 만일, 사용자가 불이익 제거 또는 완화의 조치를 하였거나 생활상의 불이익이 근로자가 통상 감수해야 할 범위 내에 있다면 단순히 출퇴근 거리가 멀어지거나, 기존과 다른 내용의 업무를 수행하게 되었다거나, 임금이 감소하였다는 등의 사정만으로는 인사명령의 효력을 부인할 수 없다.

근로자들을 생활권 이외 지역에 있는 지점으로 인사발령한 경우에도 생활상의 불이익이 있다고 볼 수 있지만, ① 공장 이전 계획에 따라 인사발령을 하거나, 회사의 경영실적 향상을 위해 실시한 조직개편에 따라 근로자들을 지방으로 발령하는 등으로 인사발령의 업무상 필요성이 인정되고, ② 인사발령으로 인해 발생하는 생활상의 불이익을 제하기 위해 통근버스를 이용할 수 있도록 하거나 각종 수당 혜택을 부여하는 등의 사정이 있다면 그 생활상의 불이익을 상쇄할 수 있다.[63]

63) 대법원 1991.7.12.선고 91다12752 판결, 서울행정법원 2005.5.10.선고 2004구합23810 판결 참조

3) 근로자와의 성실한 협의

인사명령 과정에서 근로자 본인과 신의칙상 요구되는 성실한 협의를 거쳤는지 여부는 사용자의 인사명령이 정당한 인사권의 행사인지 여부를 판단하는 요소 중 하나이다. 그러나, 이러한 협의 절차를 거치지 않았다는 사정만으로 인사명령이 무효라고 판단되는 것은 아니다.[64)]

단, 실무적으로는 근로자의 수용성 확보, 내부 반발 최소화 등 인사발령의 정당성과 관련한 불필요한 분쟁을 예방하기 위해 인사명령 대상 근로자와 여러 차례의 면담을 거쳐 재배치할 업무, 부서, 또는 근무 장소에 관한 내용을 결정하는 것이 바람직하다.

2. 계열사간 이루어지는 전적, 전출

실무적으로는 동일 기업 내에서의 인사이동뿐만 아니라 계열사간 인사이동도 빈번하게 발생한다. 단 기업간 인사이동은 기업 내 인사이동과는 달리 근로계약상 근로자의 지위가 불안정하게 될 위험이 있기 때문에 정당한 인사이동으로 인정되기 위해서는 엄격한 요건을 갖추어야 한다.

계열사간 이루어지는 인사이동의 유형은 기존의 근로계약을 유

64) 대법원 2018.10.25.선고 2016두44162 판결 참조

지하는지 여부에 따라 전출과 전적으로 구분할 수 있다.

(1) 기존 사용자와의 근로관계가 유지되는 전출

1) 정당성 판단 요건

전출은 원래 기업과의 근로계약을 유지하면서 일정 기간 다른 기업의 지휘·감독을 받아 근로를 수행하도록 하는 인사이동을 말한다. 전출 시에는 근무의 장소, 담당하는 업무의 내용, 지휘감독자, 근로제공의 상대방 등 중요한 근로계약의 내용이 변경되므로 반드시 근로자의 동의를 받아야만 정당한 전출명령으로 인정된다.

단, 예외적으로 개별 인사명령 약정서, 근로계약서 등에 전출 기업을 특정하고 그 기업에서 종사하게 될 업무에 관한 사항 등 전출 시의 기본적인 근로조건을 명시하여 사전에 근로자별로 포괄 동의를 얻었다면, 발령 시점에 동의를 얻지 않더라도 전출 명령이 가능하다.[65]

2) 전출 근로자에게 적용되는 근로조건

기존 기업과 전출 근로자 사이에는 종전의 근로계약이 존속하므로, 전출 이후 전출 근로자의 근로조건은 종전의 근로계약을 기

65) 노동부 행정해석 근기 68207-1549, 2000.5.20. 참조

초해 결정되는 것이 원칙이다. 다만, 기존 기업 또는 전출 기업과 전출 근로자 사이에 별도의 합의가 있는 경우라면, 그 합의의 내용이 법령에 위반되지 않는 한 그에 따른 근로조건이 적용된다.

(2) 이적하게 될 기업과 새로운 근로관계를 맺는 전적

1) 정당성 판단요건

전적은 전출과는 달리 원래 기업과의 근로계약이 합의해지되고, 이적하게 될 기업과 새로운 근로계약을 체결하게 된다. 이처럼 전적 명령 시에는 근로계약의 당사자가 변경되고 새로운 조건의 근로계약관계가 성립되므로, 정당한 전적명령을 위해서는 반드시 근로자의 동의를 얻어 한다.

다만, 다양한 업종과 업태를 갖고 자본, 영업활동 등에 있어 어느 정도의 밀접한 관련성을 갖는 계열 기업 사이에 전적이 이루어지는 때에는 형식적으로 사용자의 법인격이 달라지더라도 실질적으로 업무지휘권의 주체가 변동된 것으로 보기 어려운 면이 있을 수 있다.[66] 이 경우 대법원은 미리 전적할 계열 기업을 특정하고, 그 기업에서 종사하여야 할 업무 등 기본적인 근로조건을 명시하여 사전 동의를 얻었다면 예외적으로 근로자의 구체적인 동의를

66) 대법원 1993.1.26. 선고 92누8200 판결 참조

얻지 않더라도 다른 계열 기업으로 유효하게 전적시킬 수 있다는 입장이다.[67]

2) 전적 후의 근로관계

전적 시에는 이적하는 기업과 새로운 조건으로 근로계약관계가 성립한다. 따라서, 기존 기업과의 근로관계는 단절되어 전적 기업으로 승계되지 않음이 원칙이다. 단, 기존 기업과의 근속기간을 승계하기로 하는 특약을 두었다면 예외적으로 종전 근속기간을 포함하여 계속근로기간을 인정하는 것도 가능하다.[68]

67) 대법원 1996.12.23.선고 95다29970 판결 참조

68) 노동부 행정해석 퇴직연금복지과-2285, 2016.6.30. 참조

3 잔여 연차유급휴가 처리방안에 대한 의사결정 방법 [노무]

매년 말, 회계연도를 기준으로 연차유급휴가를 관리하는 사업장은 근로자가 올 한 해 동안 사용하지 못하고 남은 연차유급휴가에 대한 정산을 시작한다.

사업장 내 근로자들의 연차유급휴가 사용률이 높다면 잔여 연차유급휴가로 인해 회사에게 발생하는 부담은 크지 않을 수 있지만, 사용률이 낮은 사업장은 전체 근로자의 잔여 연차유급휴가에 대한 수당을 한번에 지급함에 있어 상당한 경제적 부담이 뒤따를 수 있다.

이러한 사용자의 부담을 최소화하기 위해 아래에서는 잔여 연차유급휴가에 대한 수당 지급 외에 실무적으로 활용할 수 있는 다른 방안이 있는지에 대해 살펴보고자 한다.

1. 잔여 연차유급휴가에 대한 수당 지급

(1) 지급 범위 및 방법

근로자가 미사용한 연차유급휴가에 대해서는 그 사용 기간이 종료된 다음 날에 수당 청구권이 발생한다. 이 경우, 미사용한 연차유급휴가에 대해서는 취업규칙 등에 정하는 바에 따라 통상임금 또는 평균임금을 지급하는 것이 원칙이다. 이때 통상임금을 기준으로 수당을 산정하는 때에는 최종 연차유급휴가 사용청구권이 있는 달의 임금지급일 임금을 기준으로 하면 된다.[69]

예를 들어, 2024년 1월 1일부터 12월 31일까지 근로자가 사용하지 못한 잔여 연차유급휴가에 대해 수당을 지급하는 경우라면, 연차유급휴가 사용 기간의 마지막 날이 속한 2024년 12월의 통상임금을 기준으로 산정하면 된다.

(2) 지급 시기

잔여 연차유급휴가에 대한 수당청구권은 그 사용 기간이 종료된 다음 날에 발생하므로, 회계연도를 기준으로 연차유급휴가를 운영·관리하는 사업장이라면 매년 1월 1일에 근로자별 잔여 연차유급휴가에 대해 수당을 지급해야 한다.

다만, 노무관리의 편의상 취업규칙 등에 연차유급휴가 사용청구권이 소멸된 날 이후 첫 임금지급일에 지급하는 것으로 규정하여 1월 귀속 임금 지급 시 '미사용 연차유급휴가수당' 항목으로 수당을 포함하여 지급하는 것도 가능하다.[70]

---

69) 노동부 행정해석 근기 01254-3999, 1990.3.18. 참조

70) 노동부 행정해석 근기 68201-696, 2000.3.10. 참조

2. 수당 지급 외 잔여 연차유급휴가를 처리하는 방안

(1) 잔여 연차유급휴가의 이월 사용

근로자와 합의한다면 잔여 연차유급휴가에 대해 수당을 지급하는 대신 이월하여 다음연도에도 계속 사용하도록 할 수 있다.[71] 단, 근로자가 동의하지 않는다면 이를 강제하는 것은 불가하다.

잔여 연차유급휴가를 이월 사용하도록 근로자와 합의하는 경우에는 추후 이월된 연차유급휴가 사용과 관련하여 당사자간 분쟁이 발생하지 않도록 ▲이월되는 연차유급휴가의 일수 ▲사용 기간 ▲이월하였음에도 사용하지 못한 연차유급휴가에 대한 정산 방법 등에 대해 구체적으로 정하는 것이 바람직하다.

(2) 근로자대표와의 서면 합의를 통한 연차유급휴가 대체

사용자는 근로자대표와의 서면 합의에 따라 연차유급휴가 사용에 갈음하여 특정 근로일에 근로자를 휴무시킬 수 있다.[72] 근로자의 연차유급휴가 사용률이 높지 않은 사업장이라면, 연차유급휴가 대체제도의 도입을 통해 잔여 연차유급휴가 발생률을 줄이는 방안을 검토해 볼 수 있다.

---

71) 노동부 행정해석 근로조건지도과-1046, 2009.2.20. 참조

72) 근로기준법 제62조(유급휴가의 대체)

실무적으로는 ① 일명 샌드위치 데이라 불리는 연중 휴일과 주말 사이의 평일, 추석·설날을 전후하는 날 등에 대해 연차유급휴가를 갈음하는 휴가를 부여하거나, ② 매월 특정한 날을 기념일로 지정(ex. 매월 셋째 주 금요일을 해피프라이데이로 지정)하여 연차유급휴가를 갈음하는 휴가를 부여하는 방법, ③ 하계휴가를 연차유급휴가로 대체하여 부여하는 방법 등을 활용할 수 있다.

(3) 연차유급휴가 사용촉진제도의 도입

근로기준법에 따라 적법하게 잔여 연차유급휴가에 대한 수당보전의무를 면제받는 방법도 존재한다. 근로기준법 제61조에 정한 절차에 따라 연차유급휴가 사용촉진제도를 실시한다면, 근로자가 사용기간 내에 연차유급휴가를 전부 사용하지 못하더라도 사용자는 그에 대한 수당보전의무 부담하지 않는다.

연차유급휴가 사용촉진제도는 ① 근로자별 미사용한 연차유급휴가 일수를 안내하고, 그 연차유급휴가의 사용시기를 지정하여 통보할 것을 촉구한 다음, ② 기간 내에 연차유급휴가의 사용시기를 통보하지 않는 근로자에 대해서는 사용자가 직접 그 연차유급휴가의 사용시기를 지정하여 통보조치 하는 제도를 의미한다.

연차유급휴가 사용촉진제도를 활용할 때에는 반드시 법적 절차를 준수해야 하고, 지정된 연차유급휴가일에 근로자가 노무를 제공하지 않도록 적극적인 제재조치도 함께 이루어져야 함을 유의해야 한다.

3. 잔여 연차유급휴가 처리 관련 노무이슈

(1) 연차휴가 선사용으로 마이너스 연차가 발생한 경우 처리방안

회사는 근로자의 요구와 편의를 위해 연차유급휴가를 미리 가불형식으로 부여하는 선사용 제도를 도입·운영할 수 있다.[73] 단 이로 인해 오히려 마이너스 연차유급휴가, 즉 발생한 연차유급휴가보다 사용한 연차유급휴가가 더 많은 경우가 발생할 수 있다.

연차유급휴가 선사용 제도에 관해서는 근로기준법 등 노동관계 법령에 명시된 사항이 없으므로 노사 당사자는 자율적으로 그 사용 여부, 방법, 절차 등을 정할 수 있지만, 이처럼 정산 시점에 마이너스 연차유급휴가가 발생할 것을 예방하기 위해서는 선사용 시점에 초과 사용한 연차유급휴가에 대한 정산 방법을 함께 정하는 것이 타당하다.

단, 근로기준법 제43조는 임금의 전액 지급 원칙을 정하고 있으므로 초과 사용한 연차유급휴가에 대해 회사가 임의로 급여를 공제한다면 법 위반에 해당될 수 있다. 따라서 마이너스 연차유급휴가에 대해 임금을 공제하고자 할 때에는 반드시 근로자의 동의를

73) 노동부 행정해석 법무 811-27576, 1980.10.23. 참조

얻어야 한다.

(2) 연차유급휴가수당의 퇴직금 산정을 위한 평균임금 포함 여부

미사용 연차유급휴가에 대한 수당은 근로기준법상 '임금'에 해당한다. 따라서, 퇴직일 전 1년 이내에 미사용 연차유급휴가에 대해 지급된 수당이 있다면 평균임금 산정 시 3/12만큼 포함되어야 한다. 이때, 미사용 연차유급휴가를 이월 사용하도록 하여 실제로 수당청구권이 발생한 해가 아닌 이월 사용기간이 종료된 시점에 수당을 지급하는 경우, 평균임금 산정방법이 문제될 수 있다.

고용노동부의 행정해석에 따르면, 연차유급휴가를 이월하여 사용하도록 합의한 경우에도 미사용한 연차유급휴가에 대한 수당은 원래 수당청구권이 발생한 날 이후 1년간 퇴직자의 평균임금 산정 시 포함되어야 한다.[74)]

예컨대 2024년 1년간 사용하지 않은 연차유급휴가에 대해 2025년 1월에 금전보상을 하는 대신 노사 합의에 따라 그 이후 1년간 추가로 사용하는 경우, 미사용 연차유급휴가에 대한 수당은 실제 수당청구권이 발생한 시점인 2025년 1월 이후 1년간 평균임금에 3/12만큼 포함해야 한다.

한편, 퇴직으로 인해 비로소 그 지급 사유가 발생한 미사용 연

74) 노동부 행정해석 근로기준정책과-1020, 2023.3.28.

차유급휴가에 대한 수당은 평균임금의 정의상 산정 사유 발생일 이전에 지급된 임금에 해당하지 않는다. 따라서, 퇴직금 산정을 위한 평균임금에 포함되지 않는다.

(3) 근로시간 단축제도를 활용한 근로자의 잔여 연차유급휴가 산정방법

사용자는 근로시간 단축제도 활용 근로자의 연차유급휴가를 시간 단위로 관리해야 한다. 예컨대, 전년도에 1일 8시간, 1주 40시간을 근무하여 총 15일의 연차유급휴가(120시간)가 발생한 근로자가 차년도에 육아기 근로시간 단축제도를 활용하여 1일 6시간씩 근무하고 총 15일의 연차유급휴가를 사용하였다면 차감되는 연차유급휴가 시간은 90시간이 된다.

따라서 30시간이 잔여 연차유급휴가가 되므로, 사용자는 취업규칙 등에 정하는 바에 따라 30시간 분의 평균임금 또는 통상임금을 지급해야 한다.

4 세무관리 주요 업무

1. 종합부동산세 정기고지 및 신고납부(15일)

(1) 주요내용

종합부동산세는 과세기준일 현재 「지방세법」상 재산세 과세대상 재산(토지, 건축물, 주택, 선박, 항공기) 중 주택과 토지(종합합산과세대상 토지와 별도합산과세대상 토지를 말한다)를 소유한 개인에게 부과·징수하는 세금으로서 해당연도 12월 1일부터 12월 15일까지 관할세무서장에게 납부하여야 한다.

참고 종합부동산세액 계산 구조

구분	과세유형		
	주택(부수토지 포함)	종합합산과세토지	별도합산과세토지
공시가격	Σ주택 공시가격	Σ종합합산토지 공시가격	Σ별도합산토지 공시가격
(-)공제금액	9억원 (1세대1주택자12억[75])	5억원	80억원
(×)공정시장가액비율	주택분 60%, 토지분 100%		
과세표준	주택분 과세표준	종합합산토지 과세표준	별도합산토지 과세표준
(×)세율	① 2주택 이하[76] : 0.5%~2.7% ② 3주택 이상 : 0.5%~5.0%	① 15억 이하 : 1% ② 45억 이하 : 2% ③ 45억 초과 : 3%	① 200억 이하 : 0.5% ② 400억 이하 : 0.6% ③ 400억 초과 : 0.7%

(-)재산세 상당액	재산세로 부과된 세액 중 종합부동산세 과세표준금액에 부과된 재산세 상당액		
산출세액	주택분 산출세액	종합합산토지 산출세액	별도합산토지 산출세액
(-)1세대 1주택자 세액공제	① 연령별 공제 : 20%~40% ② 보유기간공제 : 20%~50%	-	-
(-)세부담 상한액 초과액	직전연도 총세액상당액(재산세+종합부동산세) ×세부담상한율 150% 초과액		
납부할 세액	주택분 납부세액	종합합산토지 납부세액	별도합산토지 납부세액

※ 상기의 표는 2024년 1월 기준 세법으로 작성한 표이므로, 이후 세법 개정 사항은 반영되어 있지 않음.

다만, 주택에 대해서 단일세율(2주택 이하 2.7%, 3주택 이상 5.0%)을 적용받는 법인의 경우, 공제금액을 차감하지 않으며 세부담 상한을 적용하지 않음에 유의한다.

---

75) 1세대1주택자란 세대원 중 1명만 주택을 소유한 경우를 뜻하므로, 공동명의 1주택자일 경우에는 각각 9억원을 적용함에 유의한다.

76) 조정대상지역 2주택을 포함한다.

(2) 세무관리 유의사항

부과·징수 방식에 불구하고 12월 1일부터 12월 15일까지 관할세무서장에게 직접 신고·납부할 수 있으며, 이때에는 부과·징수는 없었던 것으로 한다.

납부하여야 할 세액이 250만원을 초과하는 경우에는 납부기한이 지난 날부터 6개월 이내에 분납할 수 있으며, 납부할 세액의 범위에 따라 다음에 의한다.

① 납부할 세액이 500만원 이하인 경우 : 250만원 초과분
② 납부할 세액이 500만원 초과인 경우 : 납부할 세액의 50% 이하

그리고 기존에는 직접 신고·납부한 경우에만 경정청구가 가능하였으나, 2023년 1월 1일 이후 경정청구 분부터는 부과·징수로 납부한 경우에도 가능하도록 개정되었기 때문에 과거 5년 동안 과다 납부한 종합부동산세가 있었다면 경정청구 제도를 통해 환급을 받을 수 있음을 참고하기 바란다.

2. 원천세 반기별 납부 신청기한(31일)

직전연도(신규사업자의 경우 신청일이 속하는 반기를 말한다.)의 상시고용인원이 20명 이하인 원천징수의무자는 반기별로 납부

하고자 하는 반기의 직전월의 1일부터 말일까지 원천징수 관할세무서장에게 신청할 수 있으며, 관할세무서장은 다음 달 말일까지 승인 여부를 결정하여 통지하여야 한다. 이 경우 기한 내에 승인 여부를 통지받지 못한 경우에는 승인 받은 것으로 간주한다.

2024년
상반기 주요
노동판례 및
행정해석 정리

1 저성과자 해고

영상으로 확인하세요

〈대상판결〉 대법 2021두33470, 2023.12.28

1. 사건 개요

- 해당 근로자는 간부사원인 과장으로 승진한 2007년부터 2017년까지 시행된 인사평가에서 지속적으로 5단계 등급(S, A, B, C, D) 중 C등급 또는 D등급을 받음
- 2010년~2017년까지 8년간 총 7회에 걸쳐 PIP 대상자로 선정됨
- 2011년 5월, 2014년 1월 및 2016년 4월 총 3회에 걸쳐 근무성적 및 근무태도 불량을 이유로 정직 2개월 또는 정직 3개월의 각 징계처분을 받음
- 2018. '근로자의 근무태도나 근무성적이 불량하고 개선의 여지가 없어 사회통념상 더 이상 고용관계를 계속할 수 없다.'는 이유로 해고

※ 이 회사의 취업규칙상 해고사유와 해고유형

〈제32조 제5호〉 '사회통념상 근로를 계속할 수 없다고 판단되는 자' → 통상해고

〈제42조 제14호〉 '근무태도나 근무성적이 불량하고 개선의 여지가 없다고 판단되는 자' → 징계해고

사건의 쟁점

● 취업규칙 해고 사유

< 제32조 제5호 >

'사회통념상 근로를 계속할 수 없다고 판단되는 자'

→ **통상해고**

< 제42조 제14호 >

'근무태도나 근무성적이 불량하고 개선의 여지가 없다고 판단되는 자'

→ **징계해고**

2. 법원의 판단

(1) 원심의 판단

취업규칙 제32조 제5호의 '통상해고' 사유로 인정되지 않는다.

① 해고사유로 '근무태도나 근무성적이 불량하고 개선의 여지가 없다고 판단된다.'는 이유를 들었는데, 이는 취업규칙 제42조제14호에서 정한 징계해고 사유에도 해당하는데, 회사가 징계해고 사유의 증명책임을 회피하기 위하여 통상해고를 한 것이다.

② 근로자가 근로제공의무를 이행하는 것이 객관적으로 불가능 내지 현저히 곤란하거나 근로자에게 근로제공 의사가 없음을 명백히

알 수 있다고 판단될 정도로 일신상의 사유가 현저하게 드러나는 경우에 해당한다고 볼 수 없다.

③ 배치전환 등을 통한 적합한 업무로의 재배치 등의 기회를 충분히 제공하는 등 고용 유지 내지 해고 회피를 위한 최선의 노력을 다하지 않았다.

(2) 대법원의 판단

해고는 정당하다.

① 취업규칙이 근무태도나 근무성적 불량을 별도의 징계해고 사유로 명시하고 있지만 회사가 취업규칙 제32조제5호에 따라 근로자를 통상해고를 한 것이 징계해고 사유의 증명책임을 회피하기 위하여 통상해고를 한 것이라고 보기 어렵다.

② 근로자의 행위를 보면 사회통념상 고용관계를 계속할 수 없을 정도인 경우에 해당할 여지가 있다.

3. 시사점

2021년 현대중공업 판결(대법 2021.2.25., 2018다253680)의 영향

- 노동위원회, 1심, 2심 모두 **부당해고**로 판단
- 2심 판결(2021.1) 이후 현대중공업 판결(2021.2)에서 **저성과자 해고 인정**

"근로자의 근무성적이나 근무능력이 다른 근로자에 비해 상대적으로 낮은 정도를 넘어 상당한 기간 동안 **일반적으로 기대되는 최소한에도 미치지 못하고**, 향후에도 **개선될 가능성을 인정하기 어렵다**는 등 사회통념상 고용관계를 계속할 수 없을 정도인 경우에 한해 **해고의 정당성이 인정**된다“

향후 유사 판결에 영향

2 면접시험에서 직무와 무관한 장애에 관한 질문을 한 경우

영상으로 확인하세요

〈대상판결〉 대법 2023두50127, 2023.12.28

1. 사건 개요

- 정신장애 3급(재발성 우울장애, 양극성 정동장애)
- ○○시청 9급 일반행정 장애인 구분모집에 지원. 필기시험 합격 후 면접
- 면접시험에서 면접위원들로부터 장애유형, 장애등록 여부, 약 복용 여부, 약을 먹거나 정신질환 때문에 잠이 많은 것은 아닌지 등 장애와 관련된 다수의 질문을 받음
- '창의력, 의지력 및 발전 가능성' 항목에서 '하' 평정을 받았고, 전체적으로 '미흡' 등급을 받아 최종 불합격 처분

2. 관련 법리

참고 장애인차별금지 및 권리구제 등에 관한 법률

> **제4조(차별행위) 제1항** "장애인을 장애를 사유로 정당한 사유 없이 제한·배제·분리·거부 등에 의하여 불리하게 대하는 경우"
>
> **제6조** "누구든지 장애 또는 과거의 장애경력 또는 장애가 있다고 추측됨을 이유로 차별을 하여서는 아니 된다."
>
> **제10조제1항** "사용자는 모집·채용, 임금 및 복리후생, 교육·배치·승진·전보, 정년·퇴직·해고에 있어 장애인을 차별하여서는 아니 된다"

3. 법원의 판단

① 고용과정에서의 차별금지는 장애인과 비장애인 사이의 공정한 참여 및 경쟁의 기반을 마련함으로써 평등한 기회를 보장하기 위한 것이므로, 장애인을 채용하는 과정에서 실시하는 면접시험의 경우에도 이 같은 취지가 최대한 반영되어야 한다.

② 장애인을 채용하려는 사용자가 면접시험에서 장애인 응시자에게 직무와 관련이 없는 장애에 관한 질문을 함으로써 장애인 응시자를 불리하게 대하였다면, 장애인차별금지법 제4조제1항제1호의 차별행위에 해당한다.

4. 시사점

✓ 채용면접시 면접자들이 '지체장애'보다 '정신장애'에 대해서는 상대적으로 둔감(주의를 소홀히 하는 경향)

✓ 면접시 직무와 무관한 사항은 언급 자제

3 임신기 근로시간 단축기간에 대한 연차휴가 산정방법

영상으로 확인하세요

〈행정해석〉 여성고용정책과-225, 2024.1.15

1. 기존 해석

통상근무와 임신기 근로시간 단축 근무가 혼재되어 있는 경우 연차유급휴가 산정
여성고용정책과-5044(2018.12.5)

연차유급휴가 부여를 위한 출근율 산정기간 중에 통상근무와 임신기 근로시간 단축 근무가 혼재되어 있는 경우 다음의 방식에 의하여 시간단위로 산정해야 함.

통상근로 기간 동안 연차유급휴가
{15일 × (통상근로월/12월) × 8시간}
+
임신기 근로시간 단축 기간 동안 연차유급휴가
{15일 × (임신기 근로시간 단축자의 소정근로시간 / 통상근로자의 소정근로시간) × (단축기간 근로월/12월) × 8시간}

- 통상근무와 임신기 근로시간 단축 근무가 혼재되어 있는 경우 연차유급휴가 산정(여성고용정책과-5044(2018.12.5)
- 연차유급휴가 부여를 위한 출근율 산정기간 중에 통상근무와 임신기

근로시간 단축 근무가 혼재되어 있는 경우 다음의 방식에 의하여 시간단위로 산정해야 함.

- [통상근로 기간 동안 연차유급휴가{15일×(통상근로월/12월)×8시간}]+[임신기 근로시간 단축 기간 동안 연차유급휴가{15일×(임신기 근로시간 단축자의 소정근로시간÷통상근로자의 소정근로시간)×(단축기간 근로월/12월)×8시간}]

2. 변경 해석

- 임신기 근로시간 단축기간에 대해서는 근로기준법 시행령 제9조제1항 관련 별표 2에서 규정한 단시간근로자의 연차유급휴가 산정방식에 따라 아래와 같이 시간단위로 부여해야 함.

여성고용정책과-225, 2024.1.15

임신기 근로시간 단축기간에 대해서는 근로기준법 시행령 제9조제1항 관련 별표2에서 규정한 단시간근로자의 연차유급휴가 산정방식에 따라 아래와 같이 시간단위로 부여해야 함.

통상 근로자의 연차휴가일수 × (단시간근로자의 소정근로시간 / 통상 근로자의 소정근로시간) × 8시간

- 통상 근로자의 연차휴가일수×(단시간근로자의 소정근로시간÷통상 근로자의 소정근로시간)×8시간
- 만일 1년 중 통상근로와 임신기 근로시간 단축기간이 혼재된 경우에

는 전체 소정근로일수에서 ① 통상근로기간과 ② 임신기 근로시간 단축기간이 차지하는 비율에 따라 시간단위로 산정하여 합하면 됨.

만일 1년 중 통상근로와 임신기 근로시간 단축기간이 혼재된 경우에는 전체 소정근로일수에서 ① 통상근로기간과 ② 임신기 근로시간 단축기간이 차지하는 비율에 따라 시간단위로 산정하여 합하면 됨.

① 통상근로기간

{통상 근로자의 연차휴가일수 × (해당기간 소정근로일수 / 연간 총 소정근로일수) × 8시간} +

② 임신기 근로시간 단축기간

{통상 근로자의 연차휴가일수 × (단축기간 소정근로일수 / 연간 총 소정근로일수) × (단축기간 소정근로시간 / 통상 근로자 소정근로시간) × 8시간}

※ 해당 연도에 근로자의 임신기 근로시간 단축기간을 제외하더라도 근로자의 출근일수가 연간 총 소정근로일수의 80% 이상인 경우에는 비례계산하지 않고 모두 부여(예:15일)

① {통상 근로자의 연차휴가일수×(해당기간 소정근로일수÷연간 총 소정근로일수)×8시간}+

② {통상 근로자의 연차휴가일수×(단축기간 소정근로일수÷연간 총 소정근로일수)×(단축기간 소정근로시간÷통상 근로자 소정근로시간)×8시간}

3. 시사점

✓ 기존 행정해석에서는 임신기 근로시간 단축기간에 대한 연차휴가 산정시 '근로 월'로 산정해야한다고 했으나, '소정근로일수'로 산정해야 하는 것으로 변경함.

4 마트 의무휴업일이 휴일인지

영상으로 확인하세요

〈대상판결〉 서울고법 2023나2035761, 2024.2.2

1. 사건 개요

- 마트 의무휴업일에 근무하지 않고 쉬는 것으로 회사와 근로자대표가 '휴일대체'에 합의한 것은 다음과 같은 이유로 무효라고 주장
- 첫째, '휴일대체'는 '휴일'과 '근로일'을 대체하는 것인데, 유통산업발전법 제12조의2에 따른 '의무휴업일'은 근로일이 아닌 '휴일'이다.
- 둘째, 휴일대체를 합의한 자는 '근로자대표'의 자격이 없다.
  - 휴일대체에 합의한 근로자대표는 전체 근로자대표가 아닌 노사협의회 근로자대표이다.

2. 관련 법리

참고 유통산업발전법

제12조의2(대규모점포 등에 대한 영업시간의 제한 등) ① 특별자치시장 · 시장 · 군수 · 구청장은 건전한 유통질서 확립, 근로자의 건강권 및 대규모 점포등과 중소유통업의 상생발전(상생발전)을 위하여 필요하다고 인정하는 경우 대형마트(대규모점포에 개설된 점포로서 대형마트의 요건을 갖춘 점포를 포함한다)와 준대규모점포에 대하여 다음 각 호의 영업시간 제한을 명하거나 의무휴업일을 지정하여 의무휴업을 명할 수 있다.

3. 법원의 판단

원고의 주장	법원의 판단
'휴일대체' 합의는 위법하여 무효이다.	'유통산업발전법 제12조의2에 따른 의무휴업일이라고 하여, 곧바로 근로자들의 근로의무가 없는 휴일에 해당한다고 볼 수 없다. -즉, 의무휴업일은 고객에 대한 영업을 금지함으로써 근로자의 건강권 보호에 기여하는 효과가 있기는 하나, '사용자와 근로자 사이에서' 근로자들의 근로의무를 해제하는 **휴일은 아니다.**
근로자대표의 자격이 없다.	'근로자 대표' 자격이 있다. 따라서 휴일대체 합의는 유효하다.

첫째, '유통산업발전법 제12조의2에 따른 의무휴업일이라고 하여, 곧바로 근로자들의 근로의무가 없는 휴일에 해당한다고 볼 수

없다.

즉, '의무휴업일'은 고객에 대한 영업을 금지함으로써 근로자의 건강권 보호에 기여하는 효과가 있기는 하나, '사용자와 근로자 사이에서' 근로자들의 근로의무를 해제하는 휴일은 아니다.

둘째, '근로자 대표' 자격이 있다. 따라서 휴일대체 합의는 유효하다.

4. 시사점

✓ 이 사례는 유통산업발전법에 의한 마트 의무휴업일에 관한 것으로, 일반 사업장에서 회사가 특정일을 휴무일로 정한 날은 당초 근로제공의무가 없는 날이므로, 휴일대체가 인정될 수 없다.

5 통상임금 인상시 월급제 근로자의 주휴수당 차액 지급의무

영상으로 확인하세요

〈대상판결〉 대법 2018다206899, 2024.2.8

1. 사건 개요

급식보조비,
교통보조비,
난방보조비는
통상임금에 해당한다.

》

따라서
통상임금이 인상되었으므로,
주휴수당도 인상된
통상임금을 반영하여
지급해야 한다.

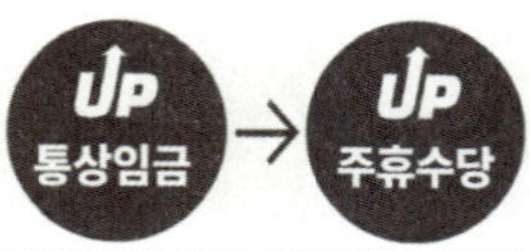

- 급식보조비, 교통보조비, 난방보조비는 통상임금에 해당한다.
- 따라서 통상임금이 인상되었으므로, 주휴수당도 인상된 통상임금을 반영하여 지급해야 한다.

2. 법원의 판단

① 근로자에 대한 임금을 월급으로 지급할 경우 월급통상임금에는 근로기준법 제55조제1항의 유급휴일에 대한 임금도 포함된다(대법원 1990.12.26. 선고 90다카12493 판결 등 참조).

② 월급제 근로자는 근로계약, 단체협약 등에서 달리 정하지 않는 한 통상임금이 증액됨을 들어 주휴수당의 차액을 청구할 수 없다.

3. 참고 사례

임금에 주휴수당 포함 여부

① 임금을 월급으로 정한 경우 – '월급'이라 함은 임금이 월단위로 결정되어 월의 근로일수나 근로 시간의 많고 적음에 관계없이 일정한 임금이 지급되는 임금형태를 뜻한다 할 것이므로, 근로자에 대한 임금을 월급으로 지급할 경우 월급 통상임금에는 근기법 소정의 유급휴일에 대한 임금도 포함된다(대법 1994.5.24, 93다32514).

② 일용근로자의 경우 – 근기법상의 주휴일은 1주간의 소정근로일수를 개근한 자에게 주도록 되 어 있으므로 근로계약이 1일단위로 체결되어 1주간의 소정근로일수를 산정할 수가 없는 일용근로자 에게는 원칙적으로 주휴일을 부여할 수 없음. 그러나 일용근로자가 계속적으로 근로를 한다면 이 때 에는 소정근로일수 대신 실근로일수를 기준으로 하여 1주일에 소정근로일을 개근하였으면 주휴일을

부여해야 함. 한편, 일용근로자의 경우 주휴수당을 포함하여 임금을 지급받기로 사전에 약정하지 않는 한 주휴수당은 임금과는 별도로 지급되는 것이므로, 주휴일이 부여된 일용근로자에게는 임금과는 별도로 주휴수당을 지급해야 함(근기 68207-424, 1997.4.2).

6 퇴직금 중간정산시 연차수당 평균임금 포함 여부

영상으로 확인하세요

〈대상판결〉 대법 2022다215784, 2024.1.25

1. 사건 개요

근로자의 주장

퇴직금 중간정산시 그 시점에서 발생한 연차휴가에 대한
수당을 평균임금 산정에 포함시켜야 한다.

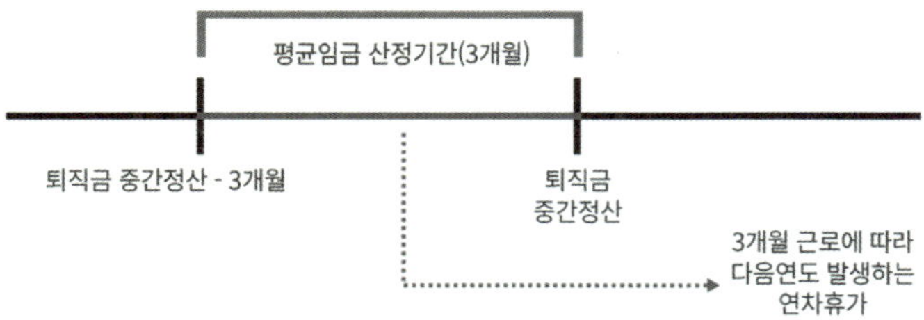

- 퇴직금 중간정산시 그 시점에서 발생한 연차휴가에 대한 수당을 평균임금 산정에 포함시켜야 한다고 주장

2. 법원의 판단

(1) 원심의 판단(서울고등법원 2022.1.12, 2018나2072193)

중간정산이 이루어진 연도에 대한 근로의 대가로 다음 해 주어지는 연차휴가수당 중 평균임금 산정기간인 3개월의 근로에 대한 수당은 평균임금 산정에 포함해야 한다.

(2) 대법원의 판단

중간정산 퇴직금 산정의 기초가 되는 평균임금 산정기간의 근로에 따라 취득한 연차유급휴가를 사용하지 않아 발생하는 연차휴가미사용수당은 퇴직금 중간정산 당시에는 아직 그 발생 여부가 확정되지 않았으므로, 이를 평균임금에 산입하여 중간정산 퇴직금을 산정할 수 없다.

3. 참고사항

평균임금 산정시 3개월 임금총액 = 3개월 기간 근로의 대가로 지급된 임금 + 지급되지 않았더라도 지급했어야 할 임금(임금체불)

포함할 수 없는 임금

- 3개월 이전 근로의 대가가 3개월 기간 중에 지급된 경우
- 3개월 기간에 대한 임금의 발생시점이 3개월 이후인 경우

7 비정규직 맞춤형 복지비 차별 여부

영상으로 확인하세요

〈대상판결〉 대법 2020두49355, 2024.2.29

1. 사건 개요

- 초등학교 시간제 돌봄전담사(주 20시간 근무)들이 전일제 돌봄전담사들(주 40시간 근무)을 비교대상근로자로 삼아 근속수당과 맞춤형복지비를 지급받지 못한 것은 '합리적 이유'가 없는 차별이라고 주장.

2. 관련 법리

참고 기간제 및 단시간근로자 보호 등에 관한 법률

제8조(차별적 처우의 금지) ② 사용자는 단시간근로자임을 이유로 해당 사업 또는 사업장의 동종 또는 유사한 업무에 종사하는 통상근로자에 비하여 차별적 처우를 하여서는 아니 된다.

제2조(정의)

3. "차별적 처우"라 함은 다음 각 목의 사항에서 합리적인 이유 없이 불리하게 처우하는 것을 말한다.

3. 사용자의 주장

첫째, 불리한 처우에 해당하지 않는다.

근속수당과 맞춤형복지비를 지급하지 않는 대신 시간급으로 환산할 경우 전일제보다 더 유리하게 동일 금액의 급식비와 명절휴가비를 지급하였다.

둘째, 차별의 '합리적 이유'가 있다.

전일제 전담사의 업무의 범위가 더 넓고 업무강도가 더 높았으며 행정업무에 관한 최종적인 권한과 책임을 부담하고 있다.
※ 물품구입, 현황보고, 강사채용, 지역돌봄협의체 위원 활동 등 수행

따라서 전일제 전담사에게 근속수당과 맞춤형복지비를 지급하고 시간제 전담사들에게는 지급하지 않은 데에 '합리적인 이유'가 있다.

4. 법원의 판단

첫째, 불리한 처우에 해당한다.

근속수당은 일정한 근속연수 요건을 충족한 경우에 한하여 지급되고 근로기간에 비례하여 지급된다는 특수성이 있어 다른 임금

항목들과는 성격이 같지 않다. 따라서 같은 범주로 분류할 수 없다.

둘째, 합리적 이유가 없다.

전일제 전담사가 행정업무 수행비중이 조금 더 높을 수 있으나, 그렇다고 하여 업무강도가 더 높거나 업무량이 더 많다고 보기는 어렵다.

근속수당은 장기근속을 장려하기 위해서 맞춤형복지비는 복리후생적 성격이 있어 단시간근로자들에게도 지급될 필요가 있다.

따라서 시간제 돌봄전담사에게 근속수당과 맞춤형복지비를 지급하지 않은 차별에 합리적인 이유가 있다고 보기 어렵다.

8 단시간 근로자 1주 12시간 위반 여부의 판단

영상으로 확인하세요

〈행정해석〉 고용차별개선과-347, 2024.2.1

1. 질의

- 단시간 근로자의 경우 1주간의 실근로시간을 산정하여 1주간의 소정근로시간을 초과하는 연장근로가 12시간을 초과하는 경우 법위반인지? 아니면 1일 소정근로시간을 초과한 연장근로의 합이 1주 12시간을 초과한 경우 법위반인지?

2. 관련 법리

참고 기간제 및 단시간근로자 보호 등에 관한 법률

제6조(단시간근로자의 초과근로 제한) ① 사용자는 단시간근로자에 대하여 「근로기준법」 제2조의 소정근로시간을 초과하여 근로하게 하는 경우에는 해당 근로자의 동의를 얻어야 한다. 이 경우 1주간에 12시간을 초과하여 근로하게 할 수 없다.

3. 질의 배경

(1) 2023.12.7 대법원 판결

근기법 제53조 제1항은 연장근로시간의 한도를 1주간을 기준으로 설정하고 있을 뿐이고 1일을 기준으로 삼고 있지 아니하므로, 1주간의 연장근로가 12시간을 초과하였는지는 근로시간이 1일 8시간을 초과하였는지를 고려하지 않고 **1주간의 근로시간 중 40시간을 초과하는 근로시간을 기준으로 판단해야** 한다(대법 2020도15393. 2023.12.7).

(2) 행정해석(임금근로시간정책과-165, 2024.1.19)

<변경 전> ※ 출처 : 근로시간 제도의 이해('21.8월)	→	<변경 후>
1주 총 근로시간이 52시간 이내이더라도 1일 법정근로시간이 8시간을 초과한 시간은 연장근로이며 이 연장근로가 1주 12시간을 초과하면 법 위반에 해당	→	1주 총 근로시간 중 1주 법정근로시간 40시간을 초과하는 시간이 연장근로이며 이 연장근로가 1주 12시간을 초과하면 법 위반에 해당

(1) 2023.12.7 대법원 판결

근기법 제53조 제1항은 연장근로시간의 한도를 1주간을 기준으로 설정하고 있을 뿐이고 1일을 기준으로 삼고 있지 아니하므로, 1주간의 연장근로가 12시간을 초과하였는지는 근로시간이 1일 8시간을 초과하였는지를 고려하지 않고 1주간의 근로시간 중 40시간을 초과하는 근로시간을 기준으로 판단해야 한다(대법 2020도15393. 2023.12.7).

(2) 행정해석의 변경(임금근로시간정책과-165, 2024.1.19)

출처 근로시간 제도의 이해(2021년 8월)

변경 전		변경 후
1주 총 근로시간이 52시간 이내이더라도 1일 법정근로시간 8시간을 초과한 시간은 연장근로이며 이 연장근로가 1주 12시간을 초과하면 법 위반에 해당	⇨	1주 총 근로시간 중 법정근로시간 40시간을 초과하는 시간이 연장근로이며 이 연장근로가 1주 12시간을 초과하면 법 위반에 해당

4. 답변

법 규정, 대법원 판례의 취지를 고려할 때, 「기간제법」의 적용을 받는 단시간근로자의 경우 1주 총 근로시간 중 1주 '소정근로시간'을 초과하는 시간이 연장근로이며, 이 연장근로가 1주 12시간을 초과하면 법 위반에 해당됨을 알려드립니다.

5. 시사점

✓ 1주 12시간 연장근로 한도 위반 여부를 판단함에 있어서 1일이 아닌 1주를 기준으로 한다는 대법 2020도1539 판결에 따라, 단시간근로자의 경우도 마찬가지로 해석해야 한다는 의미이다.

참고 단시간 근로자 : 1주 1시간 초과 여부의 판단 예시

<table>
<tr><th rowspan="2">구분</th><th rowspan="2">월</th><th rowspan="2">화</th><th rowspan="2">수</th><th rowspan="2">목</th><th rowspan="2">금</th><th rowspan="2">토</th><th rowspan="2">일</th><th rowspan="2">1주 소정
근로시간</th><th colspan="2">초과근로</th></tr>
<tr><th>일</th><th>주</th></tr>
<tr><td>1일 소정
근로시간</td><td>4</td><td>4</td><td>4</td><td>4</td><td>4</td><td>-</td><td>-</td><td rowspan="3">20</td><td>-</td><td>-</td></tr>
<tr><td>초과근로</td><td>4</td><td>4</td><td>4</td><td>4</td><td>휴가</td><td>-</td><td>-</td><td>4시간×4일
=16시간</td><td>12</td></tr>
<tr><td>실근로시간</td><td>8</td><td>8</td><td>8</td><td>8</td><td>-</td><td>-</td><td>-</td><td colspan="2">32</td></tr>
</table>

9 파견근로자를 직접 고용할 경우 근로조건 결정방법

영상으로 확인하세요

〈대상판결〉 대법 2019다222829, 2024.3.12

1. 사건 개요

용역업체에 소속된 근로자들이 원청 상황실 보조업무 수행(상황실 보조원)

① 불법파견이다. 따라서 원청이 직접고용해야 한다 (고용의무 발생).

② 원청의 취업규칙 등에 의한 기본급, 상여수당, 교통보조비, 복리후생비, 연장·야간·휴일근로수당, 연차휴가미사용수당 등을 지급해 달라.

- 용역업체에 소속된 근로자들이 원청 상황실 보조업무 수행(상황실 보조원)
- 첫째, 불법파견이다. 따라서 원청이 직접 고용해야 한다(고용의무가 발생한다).
- 둘째, 원청의 취업규칙 등에 의한 기본급, 상여수당, 교통보조비, 복리후생비, 연장 · 야간 · 휴일근로수당, 연차휴가미사용수당 등을 지급해 달라.

2. 관련 법리

참고 파견근로자 보호 등에 관한 법률

> **제6조의2(고용의무)** ③ 제1항에 따라 사용사업주가 파견근로자를 직접 고용하는 경우의 파견근로자의 근로조건은 다음 각 호의 구분에 따른다.
> 1. 사용사업주의 근로자 중 해당 파견근로자와 같은 종류의 업무 또는 유사한 업무를 수행하는 근로자가 있는 경우
>   - 해당 근로자에게 적용되는 취업규칙 등에서 정하는 근로조건에 따를 것
> 2. 사용사업주의 근로자 중 해당 파견근로자와 같은 종류의 업무 또는 유사한 업무를 수행하는 근로자가 없는 경우
>   - 해당 파견근로자의 기존 근로조건의 수준보다 낮아져서는 아니 될 것

3. 법원의 판단

(1) 원심의 판단

첫째, 직접고용의무가 발생한다.

둘째, 따라서 원청의 '현장직 직원관리예규' 중 조무원의 근로조건이 적용되어야 한다.

(2) 대법원의 판단

파견근로자 직접 고용시 동종 유사업무가 없는 경우 근로조건 판단방법을 제시

첫째, 당사자간 합의한 근로조건이나 그 밖에 다른 적합한 근로조건이 있는지

둘째, 적정한 근로조건을 찾을 수 없다면, 파견법 제6조의2 제3항제2호에 따라 기존 근로조건을 적용해야 한다.

4. 시사점

✓ 불법파견으로 인해 파견근로자를 직접 고용할 경우 동종 유사업무가 없다면, 기존 근로조건보다 저하시킬 수는 없으므로 기존 근로조건을 그대로 적용해야 한다.

10 감시적 근로자로 승인받았지만 업무성질상 감시적 근로자에 해당하지 않는 경우

영상으로 확인하세요

〈대상판결〉 대법 2018다206899 · 206905 · 206912, 2024.2.8

1. 사건 개요

- 공기업 원자력본부에서 일하는 청원경찰
- 감시적 근로자로 노동부 승인 받음
- 그 후 '고도의 긴장을 요하는 업무를 수행하고 있다'는 이유로 노동부에서 불승인 처분
- 노동부 불승인 처분을 이유로 그 이전부터 감시적 근로자가 아니었으므로, 연장근로수당을 지급하라는 소송을 제기

참고 감시적 근로자

- 감시업무를 주 업무로 하며 상태적으로 정신적·육체적 피로가 적은 업무에 종사하는 자를 말한다(근로기준법 시행규칙 제10조 제2항).
- 업무의 성질상 감시적 근로자에 해당하고 고용노동부장관의 승인을 받으면 근로기준법 제63조제3호에 따라 근로기준법에서 정한 근로시간, 휴게와 휴일에 관한 규정이 적용되지 아니한다(대법 1999.5.28, 99다2881).

2. 법원의 판단

업무의 성질상 감시적 근로자에 해당하지 않는다면 고용노동부장관의 승인을 받았더라도 근로기준법 제63조제3호가 적용되지 않는다.

따라서 발전소 청원경찰들이 감시적 근로자에 해당한다고 볼 수 없으므로, 연장근로수당 등에 대하여 사용자가 그 지급의무를 면한다고 볼 수 없다.

3. 시사점

✓ 업무성질상 감시적 근로자가 아니라면 고용노동부장관의 승인을 받았더라도 감시적 근로자로 볼 수 없으므로, 연장근로수당을 지급해야 한다.

11 관리감독자 연장근로수당 지급 여부

영상으로 확인하세요

〈대상판결〉 대법 2019다223389, 2024.4.12

1. 사건 개요

- 회사의 '보수규정'에 "책임자수당을 받는 근로자(관리자)는 시간외근무수당을 지급하지 않는다"고 규정
- 이에 대해 관리자들이 "연장근로에 따른 시간외근무수당을 지급해야 한다"고 주장

2. 관련 법리

참고 근로기준법

제63조(적용의 제외) 근로시간, 휴게와 휴일에 관한 규정은 다음 각 호의 어느 하나에 해당하는 근로자에 대하여는 적용하지 아니한다.

1. 토지의 경작·개간, 식물의 식재·재배·채취사업, 그 밖의 농림사업
2. 동물의 사육, 수산 동식물의 채취·포획·양식사업, 그 밖의 축산, 양잠, 수산사업

3. 감시 또는 단속적으로 근로에 종사하는 사람으로서 사용자가 고용노동부장관의 승인을 받은 사람
4. 관리·감독업무, 기밀을 취급하는 업무에 종사하는 자(시행령 제34조)

참고 관리 · 감독업무 종사자

◦ 사업의 종류와 관계없이 근로조건의 결정 기타 노무관리에 관하여 경영자와 일체적인 입장에 있는 자

◦ '관리·감독업무에 종사하는 근로자'의 판단기준은
- 첫째, 노무관리방침의 결정에 참여하거나 노무관리상의 지휘권한을 가지느냐의 여부
- 둘째, 자기의 근로에 대하여 자유재량권을 가지고 출·퇴근 등에 엄격한 제한을 받지 않는가의 여부
- 셋째, 그 지위에 따른 특별수당을 받고 있는 지의 여부이다(대법 1989.2.28, 88다카 2974).

3. 법원의 판단

(1) 원심의 판단

지급할 의무가 없다.

(2) 대법원의 판단

관리 · 감독업무 종사자가 아니다. 즉, 지급해야 한다.

회사의 보수규정이 책임자수당을 받는 근로자에게 시간외근무수당을 지급하지 않는다고 규정하고 있더라도, 근로기준법령에서 말하는 '관리 · 감독 업무에 종사하는 근로자'에 해당하지 않는 근로자라면 회사는 그 근로자에게 시간외근무수당을 지급해야 한다.

※ 관리감독업무 종사자가 아닌 이유

- 관리자들의 업무에는 실무도 포함되어 있다.
- 시간외근무를 할 때 명령부를 작성하고 결재권자의 도장을 받았다.

12 출산휴가일수 90일에 휴일이 포함되는지

영상으로 확인하세요

〈행정해석〉 법제처 24-0050, 2024.4.12

1. 질의

- 「근로기준법」 제74조 제1항 전단에서는 사용자는 임신 중의 여성에게 출산 전과 출산 후를 통하여 90일(한 번에 둘 이상 자녀를 임신한 경우에는 120일)의 출산전후휴가를 주어야 한다고 규정하고 있는바, 출산전후휴가 일수인 90일을 산정할 때 같은 법 제55조에 따른 휴일 등 '소정근로일(법령에 위배되지 않는 범위에서 당사자가 근로하기로 정한 날)이 아닌 날'(이하 "휴일등"이라 함)은 제외되는지?

2. 관련 법리

참고 근로기준법

> 제55조(휴일)
> ① 사용자는 근로자에게 1주에 평균 1회 이상의 유급휴일을 보장하여야 한다.
> ② 사용자는 근로자에게 대통령령으로 정하는 휴일을 유급으로 보장하여야 한다. 다만, 근로자대표와 서면으로 합의한 경우 특정한 근로일로 대체할 수 있다.

3. 답변

「근로기준법」 제60조에 따른 연차유급휴가의 경우 소정근로일의 근로제공의무를 면제받는 것으로서 휴가의 시작일과 종료일 사이에 휴일등이 있으면 해당 휴일등을 제외하고 휴가일수를 계산하는바, 같은 법 제74조 제1항 전단에 따른 출산전후휴가의 경우에도 마찬가지로 휴일등을 제외하고 90일의 휴가일수를 산정해야 한다는 의견이 있으나, 같은 법 제60조에 따른 연차유급휴가의 경우 원칙적으로 근로자가 그 휴가의 시기를 선택하여 청구할 수 있고(제5항 본문), 근로자가 1년간 행사하지 아니하면 휴가가 소멸(제7항 본문)되는 반면, 같은 법 제74조 제1항 전단에 따른 출산전후휴가의 경우 휴가의 시기가 출산 전후로 제한되고, 근로자가 법정기간보다 짧은 휴가를 청구하더라도 사용자는 법정기간(90일)의 휴가를 주어야 하는 등 '연차유급휴가'와 '출산전후휴가'는 그 제도의 취지 및 그 부여방법 등에서 차이가 있는 별개의 제도라는 점에서 그러한 의견은 타당하다고 보기 어렵습니다. 따라서 이 사안의 경우, 「근로기준법」 제74조 제1항 전단에 따른 출산전후휴가 일수인 90일을 산정할 때 휴일등이 제외되지 않습니다.

※ 취업규칙 등에서 소정근로일로 계산한다고 되어 있는 경우에는 휴일, 휴무를 제외하고 산정

13 임신근로자 선택근무제 시행시 시간외근로 가능 여부

영상으로 확인하세요

〈행정해석〉 법제처 24-0033, 2024.4.30

1. 질의 요지

- '선택적 근로시간제'(근로기준법 제52조)를 실시하는 사업장에서 임신근로자가 특정일에 1일 8시간을 초과하여 근로하는 것이 근로기준법 제74조 제5항에서 임신근로자에게 금지되는 "시간외근로"에 포함되는지?

2. 관련 법리

참고 근로기준법

제52조(선택적 근로시간제)

① 사용자는 근로자대표와 서면으로 합의하여 1개월 이내의 정산기간을 평균하여 1주간의 근로시간이 1주 40시간을 초과하지 않는 범위에서 1주 40시간을, 1일 8시간을 초과하여 근로하게 할 수 있다.

제74조(임산부의 보호)

⑤ 사용자는 임신 중의 여성 근로자에게 시간외근로를 하게 하여서는

아니 되며, 그 근로자의 요구가 있는 경우에는 쉬운 종류의 근로로 전환하여야 한다.

※ [벌칙] 2년 이하 징역 또는 2천만원 이하 벌금

3. 답변

임신근로자에 대한 시간외근로의 금지는 임신근로자들의 개별적인 사정이나 의사와 무관하게 동일하게 적용된다고 보아야 한다.

근로기준법 제74조 제5항은 소정근로시간이나 선택적 근로시간제 적용 여부 등과 관계없이 모든 임신근로자에게 동일하게 적용되어야 한다.

따라서 임신한 근로자가 1일 8시간을 초과하면(정산기간 평균 1주 40시간을 초과하지 않더라도), 근기법 제74조 제5항 위반에 해당한다.

구분	탄력근무제	선택근무제
연소자	금지	금지
임신한 자	금지	사실상 금지

4. 시사점

✓ 임신한 근로자는 '탄력 근무제'(근로기준법 제51조) 뿐만 아니라 '선택 근무제'(같은 법 제52조)도 시행할 수 없다.

14 휴일, 휴무가 정직기간에 포함되는지

영상으로 확인하세요

〈대상판결〉 서울행법 2023구합1507, 2024.4.26

1. 사건 개요

- 시내버스회사에서 운전기사에 대해 운행 중 사고 7건과 과태료 부과내역 7건을 이유로 승무정지 30일(2022.10.1.부터 2022.11.9.까지)의 징계처분
- 회사는 30일의 정직기간을 휴일, 휴무를 제외하고 승무일자를 기준으로 산정
- 이에 대해 근로자는 30일의 정직기간에는 휴일, 휴무도 포함되어야 한다고 주장

2. 판단

(1) 서울지노위, 중노위

징계처분은 정당하다 – 기각

(2) 행정법원

휴일, 휴무일을 제외한 채 승무일자만으로 정직기간을 산정할 수 없다.

2022.10.1.부터 기산하는 원고의 정직기간은 2020.10.30.의 종료로 1개월이 종료된다.

따라서 회사가 정한 정직기간은 회사 취업규칙에서 정한 1개월을 벗어나 위법하다.

[참고사항]
표준국어대사전에 의하면, 기간이란 '어느 일정한 시기부터 다른 어느 일정한 시기까지의 사이'를 의미한다. 따라서 정직기간은 정직 개시일로부터 정직 만료일까지 기간을 의미한다고 보아야 한다.
민법 제160조는 기간을 주, 월 또는 연으로 정한 때에는 역에 의하여 계산하도록 정하고 있다.

3. 참고사항

표준국어대사전에 의하면, 기간이란 '어느 일정한 시기부터 다른 어느 일정한 시기까지의 사이'를 의미한다. 따라서 정직기간은 정직 개시일로부터 정직 만료일까지 기간을 의미한다고 보아야 한다.

민법 제160조는 기간을 주, 월, 또는 연으로 정한 때에는 역에 의하여 계산하도록 정하고 있다.

정직기간은 소정근로일을 기준으로 산정한다.

출산전후휴가	배우자출산휴가
90일(120일)	10일
역일상	소정근로일(여성고용정책과-843, 2019.6.14)

정직기간은 별도의 정함이 없는 한 휴일, 휴무를 포함하여 계산한다. 다만, 취업규칙 등에서 별도의 정함이 있다면(예를 들어, "정직기간은 소정근로일을 기준으로 산정한다") 그에 따른다.

15 공휴일을 무급휴무일로 지정한 경우

영상으로 확인하세요

〈대상판결〉 서울동부지법 2022가합106536, 2024.2.1

1. 사건 개요

- 2018.3.20, 근로기준법 개정을 통해 '관공서 공휴일'을 일반 근로자의 유급휴일로 지정
- 이후 2021.12.1., 취업규칙을 다음과 같이 개정. 즉, 시급제 근로자들에 대해 유급공휴일을 무급휴무일로 지정하여 무급으로 처리

> 제18조(유급휴일) ③ 토요일은 무급휴무일로 하며, 센터가 필요한 경우 별도의 무급휴일 및 무급휴무일을 정할 수 있다.

- 토요일을 무급휴무일로 한다고 명시하고 있는데, 이와 별도로 토요일이 아닌 때에도 무급휴무일을 정할 수 있도록 하고 있는 것은 무효이다. 따라서 미지급한 공휴일수당을 지급하라(시급제 근로자).

2. 법원의 판단

근로기준법을 위반하여 무효이다.

당초 공휴일은 근무일로서 유급휴일 일 수 있는데, 회사가 일방적으로 무급휴일로 쉬게 하는 결과가 된다.

매월 근무일을 편성하면서 공휴일에 근무할 근로자들을 일부러 제외함으로써, 근로자들의 임금이 감소할 수 있다.

3. 참고사항

[공휴일(유급)이 무급휴무일과 겹칠 경우 유급 인정 여부]

만약 휴무일 등과 같이 애초부터 근로제공이 예정되어 있지 않은 날이 관공서 공휴일과 겹칠 경우에 추가 휴일수당을 지급해야 한다고 해석할 경우, 법개정 취지를 넘어 근로자가 실질적으로 누리는 휴일 수는 동일함에도 추가적인 비용부담만 강제하게 되는 불합리한 결과가 발생함. 따라서 휴무일 등 애초부터 근로제공이 예정되어 있지 않은 날이 관공서 공휴일과 겹칠 경우 해당 일을 유급으로 처리해야 하는 것은 아님(임금근로시간과-743, 2020.3.30.)

참고 공휴일이 무급휴무일과 겹칠 경우 유/무급 여부(시근제 근로자)

구분	당초 무급휴(무)일	당초 소정근로일
예	광복절이 무급휴무일인 토요일, 회사창립기념일과 겹친 경우	당초 근무일인 월~금 중에 광복절이 있는 경우 그 날을 무급휴무일로 정한 경우
유급 여부	무급	유급

16 도시 일용근로자의 월 가동일수(월평균 근무일수)를 20일을 초과하여 인정하기는 어렵다

〈대상판결〉 대법 2020다271650, 2024.4.25

1. 사건 개요

- 피해자는 크레인의 후크에 연결된 안전망에서 작업을 하던 중 안전망이 한쪽으로 뒤집혀 바닥으로 추락하는 사고로 좌측 장골 골절 등의 상해를 입게 되었음.
- 근로복지공단은 이 사고를 업무상 재해로 인정하여 피해자에게 휴업급여 등을 지급한 후, 사고의 원인이 된 크레인의 보험자인 회사를 상대로 구상금의 지급을 청구한 사안임.

2. 법원의 판단

(1) 원심

원심은, 사고 당시 도시 일용근로자의 월 가동일수가 22일임을 전제로 피해자의 일실수입 손해를 산정

(2) 대법원의 판단

과거 대법원이 도시 일용근로자의 월 가동일수를 22일 정도로 보는 근거가 되었던 각종 통계자료 등의 내용은 다음과 같은 이유

로 그대로 적용하기 어렵다.

① 근로기준법의 개정으로 인한 근로시간의 지속적인 감소, 연간 공휴일의 증가 등 사회적・경제적 구조의 지속적 변화
② 근로자의 삶의 질 향상과 일과 삶의 균형이 강조되는 등 과거와 달라진 근로여건과 생활여건
③ 고용형태별 근로실태조사의 최근 10년간 월 평균 근로일수 등

따라서 이 사건 사고 당시 도시 일용근로자의 월 가동일수를 20일을 초과하여 인정하기는 어렵다.

17 승진이 취소되어 소급적으로 효력을 상실한 경우 승진 후 받은 급여상승분 반환 의무

〈대상판결〉 대법 2023다315391, 2024.4.16

1. 사건 개요

- 근로자의 승진발령이 과정상 하자가 있어 무효인 이상 승진으로 인하여 수령한 급여상승분이 법률상 원인 없이 수령한 부당이득이라는 이유로 그 반환을 청구

2. 법원의 판단

원심: 부당이득이 아니다

▶ **급여상승분은 승진에 따른 업무를 수행한 데에 대한 대가로 지급되었으므로, 근로자에게 귀속되어야 한다.**

↓

대법: 부당이득이다

▶ **승진 전후 수행하는 업무에 차이가 없다면 근로자가 법률상 원인 없이 임금상승분 상당의 이익을 얻었다고 볼 수 있다.**

(1) 원심

급여상승분은 승진에 따른 업무를 수행한 데에 대한 대가로 지급되었으므로, 근로자에게 귀속되어야 한다고 보아 부당이득으로 반환을 청구할 수 없다고 판단

(2) 대법원의 판단

승진 전후 각 직급에 따라 수행하는 업무에 차이가 없다면 근로자가 법률상 원인 없이 임금상승분 상당의 이익을 얻었다고 볼 수 있다. 따라서 부당이득으로 반환되어야 한다.

3. 시사점

승진으로 인해 근로자가 수행하는 업무에 차이가 없는 경우에 대한 판결이므로, 승진으로 인해 업무차이가 있다면 달리 판단될 수 있다.

18 부당해고된 근로자가 복직하여 원직이 아닌 업무를 수행하여 지급받은 임금 전액을 미지급 임금청구액에서 공제

〈대상판결〉 대법 2023다300559, 2024.4.12

1. 사건 개요

- 부당해고로 복직한 근로자가 원직인 원장이 아니라 생활재활교사로 복직된 후 생활재활교사 업무에 상응하는 임금을 지급받았음.
- 이에 대해 근로자는 복직명령이 부당하므로 해고 시부터 정당한 원직복직이 이루어질 때까지 원장으로서 정상적으로 근무하였다면 받을 수 있었던 임금상당액을 지급할 의무가 있다고 주장하면서, 미지급 임금을 청구한 사안

2. 법원의 판단

(1) 원심

근로자가 원장으로서 지급받을 수 있는 임금액에서 생활재활교사로서 지급받은 임금 전액을 공제하지 않고, 근로기준법 제46조를 적용하여 휴업수당을 초과하는 금액의 범위 내에서만 이른바 중간수입을 공제한 후 이를 기초로 미지급 임금액을 산정하였음.

(2) 대법원의 판단

사용자가 부당하게 해고한 근로자를 원직(종전의 일과 다소 다르더라도 원직에 복직시킨 것으로 볼 수 있는 경우를 포함)이 아닌 업무에 복직시켜 근로를 제공하게 하였다면 근로자는 사용자에게 원직에서 지급받을 수 있는 임금상당액을 청구할 수 있다.

그런데 이 경우 근로자가 복직하여 실제 근로를 제공한 이상 휴업하였다고 볼 수는 없으므로, 근로자가 원직이 아닌 업무를 수행하여 지급받은 임금은 그 전액을 청구액에서 공제해야 하지, 근로기준법 제46조를 적용하여 휴업수당을 초과하는 금액의 범위 내에서만 이른바 중간수입을 공제할 것은 아니다.

19 연차휴가를 휴무로 대체하기 위해서는 사용자의 일방적인 지시나 권고만으로는 적법한 대체라고 할 수 없다

영상으로 확인하세요

〈대상판결〉 서울북부지법 2023고정1340, 2024.3.14

1. 사건 개요

- 퇴직한 요양보호사의 미사용 연차수당을 지급하지 않아 근로기준법 위반 혐의로 기소된 사안
- 회사는 주간근무 2일, 야간근무 2일, 휴무 2일의 사이클이 반복되는 요양원의 근로형태에 비춰 연차유급휴가에 관한 근로기준법 제60조가 그대로 적용되는 것은 부당하며, 미사용 연차수당 미지급에 관한 근로기준법위반의 고의가 없었다고 주장

2. 관련 법리

참고 근로기준법

제62조(유급휴가의 대체) 사용자는 근로자대표와의 서면 합의에 따라 제60조에 따른 연차유급휴가일을 갈음하여 특정한 근로일에 근로자를 휴무시킬 수 있다.

3. 법원의 판단

연차휴가를 휴무로 대체하기 위해서는 사용자와 근로자대표자와의 서면합의가 필요하고, 사용자의 일방적인 지시나 권고만으로는 유급휴가의 적법한 대체라고 할 수 없다.

4. 시사점

✓ 연차휴가를 특정 근무일에 사용하게 하기 위해서는 근로기준법 제62조에 따라 반드시 근로자대표와 서면합의를 통해 실시해야 한다.